Es ist vielleicht ganz einfach, das bisherige Leben in wertschätzender Erinnerung zu halten und sich gleichzeitig auf ein neues, erfolgreicheres und glücklicheres Leben einlassen zu können. Wenn Sie dieser neuen Methode eine Chance geben, werden Sie begeistert sein von den Möglichkeiten, die sich Ihnen eröffnen. Sie können, wenn Sie möchten, jetzt schon damit beginnen, sich vorzustellen, wie es wäre, Ihr Leben mit einer ganz neuen Leichtigkeit, Selbstsicherheit und Zielstrebigkeit zu genießen.

Es gibt Menschen – wahrscheinlich gehören Sie dazu – die schon immer auf eine unbewusste und intuitive Weise Mentaltechniken eingesetzt haben. Dann wird es fantastische Ergebnisse bringen, auf dieser Kompetenz aufzubauen.

Dabei ist es gar nicht wichtig, irgendwelche Vorkenntnisse mitzubringen. Sie werden sich wundern, wie einfach und zugleich wirkungsvoll diese Mentaltechniken sind.

In diesem Buch erfahren Sie alles, was Sie wissen müssen, um maximal von diesen neuen Techniken und Tools zu profitieren.

ACHTUNG

Beim Lesen dieses Buches bemerken Sie vielleicht die ein oder andere merkwürdig klingende Formulierung, einige ungewöhnliche Vergleiche, Wortbilder, unerklärliche Wiederholungen oder rätselhafte Behauptungen. Halten Sie sich bitte nicht damit auf: Ich habe spezielle hypnotische Sprachmuster, Wortbilder und Suggestionen in den Text eingebaut. Ich pflanze damit eine Reihe positiver Samen in Ihr Unterbewusstsein, die sich gegenseitig verstärken und nach und nach entfalten. Auf diese Weise wird bereits das Lesen dieses Buches - ohne, dass Sie eine einzige Technik angewandt haben - zu einer positiven Veränderung in Ihrem Leben führen.

Auch die Reihenfolge der Kapitel und die Inhalte folgen einem bestimmten Muster und beinhalten Botschaften, die aufeinander aufbauen und sich gegenseitig verstärken. Lesen Sie deshalb bitte die Kapitel genau in der vorgegebenen Abfolge.

Lesen Sie das Vorwort auf Seite 7, um mehr zu erfahren.

Stephan Reimann

Die Schatzinsel-Methode

GLÜCK – ERFOLG – SELBSTSICHERHEIT
Mit dieser Mentaltechnik können Sie jedes
beliebige Ziel völlig mühelos erreichen

tredition®

www.tredition.de

© 2013 Stephan Reimann

Verlag: tredition GmbH, Hamburg
ISBN: 978-3-8495-4947-3
Printed in Germany

Das Werk, einschließlich seiner Teile, ist urheberrechtlich geschützt. Jede Verwertung ist ohne Zustimmung des Verlages und des Autors unzulässig. Dies gilt insbesondere für die elektronische oder sonstige Vervielfältigung, Übersetzung, Verbreitung und öffentliche Zugänglichmachung.

Bibliografische Information der Deutschen Nationalbibliothek:
Die Deutsche Nationalbibliothek verzeichnet diese Publikation in der Deutschen Nationalbibliografie; detaillierte bibliografische Daten sind im Internet über http://dnb.d-nb.de abrufbar.

Bildnachweis:
Bilder unter den Kapitelüberschriften: Die Bilder stammen von Pixelio.de. Die Namen der Fotografen und Rechteinhaber sind jeweils unter den Bildern verzeichnet.
Copyright-Vermerk für Hundebilder auf Seite 99: "\eC2\eA9 2012 Jupiterimages Corporation".
Alle anderen Skizzen und Bilder ohne Copyright-Vermerk: Durch den Autor erstellt, Rechte liegen beim Autor.

Wenn Sie möchten, können Sie hier einen Überblick über die wichtigsten Stationen Ihres Erfolgs-Programms gewinnen.

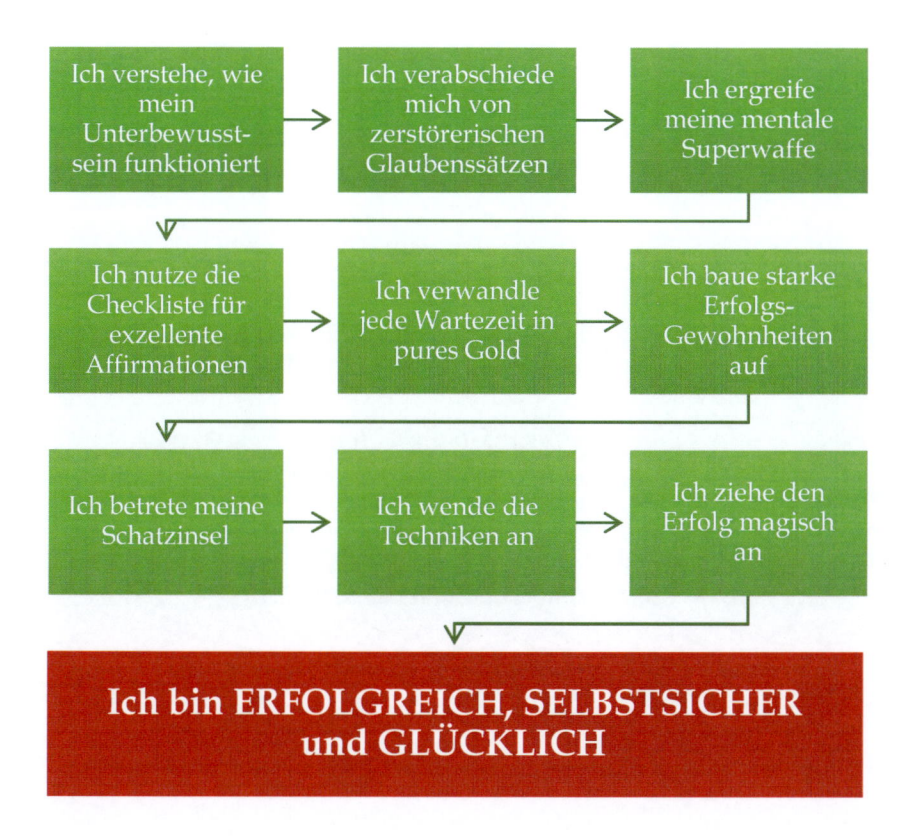

```
┌─────────────────┐     ┌─────────────────┐     ┌─────────────────┐
│ Ich verstehe,   │     │ Ich verabschiede│     │ Ich ergreife    │
│ wie mein        │ ──► │ mich von        │ ──► │ meine mentale   │
│ Unterbewusst-   │     │ zerstörerischen │     │ Superwaffe      │
│ sein funktioniert│    │ Glaubenssätzen  │     │                 │
└─────────────────┘     └─────────────────┘     └─────────────────┘
                                                          │
                                ┌─────────────────────────┘
                                ▼
┌─────────────────┐     ┌─────────────────┐     ┌─────────────────┐
│ Ich nutze die   │     │ Ich verwandle   │     │ Ich baue starke │
│ Checkliste für  │ ──► │ jede Wartezeit  │ ──► │ Erfolgs-        │
│ exzellente      │     │ in pures Gold   │     │ Gewohnheiten    │
│ Affirmationen   │     │                 │     │ auf             │
└─────────────────┘     └─────────────────┘     └─────────────────┘
                                                          │
                                ┌─────────────────────────┘
                                ▼
┌─────────────────┐     ┌─────────────────┐     ┌─────────────────┐
│ Ich betrete     │     │ Ich wende die   │     │ Ich ziehe den   │
│ meine           │ ──► │ Techniken an    │ ──► │ Erfolg magisch  │
│ Schatzinsel     │     │                 │     │ an              │
└─────────────────┘     └─────────────────┘     └─────────────────┘
                                                          │
                        ┌─────────────────────────────────┘
                        ▼
```

Ich bin ERFOLGREICH, SELBSTSICHER und GLÜCKLICH

Ich lade Sie ein, die Einleitung auf der nächsten Seite zu lesen. Dort werden Sie viele wichtige Details über das Buch und seine Wirkung erfahren.

Achte auf deine Gedanken,
denn sie werden deine Worte.

Achte auf deine Worte,
denn sie werden deine Taten.

Achte auf deine Taten,
denn sie werden zu Gewohnheiten.

Achte auf deine Gewohnheiten,
denn sie werden dein Charakter.

Achte auf deinen Charakter,
denn er wird zu deinem Schicksal.

(Chinesische Weisheit)

GLÜCK - ERFOLG - SELBSTSICHERHEIT

"ACHTUNG!
SIE SOLLTEN DIESES BUCH AUF KEINEN FALL LESEN"

© Gabi Eder / pixelio.de

DIE SCHATZINSEL-METHODE

Lieber Leser, liebe Leserin,

Sie sollten dieses Buch auf keinen Fall lesen, wenn Sie jeden Morgen mit einem Lächeln auf den Lippen aus dem Bett springen, auf die Knie fallen, die Hände zum Himmel strecken und Ihr Leben in den höchsten Tönen bejubeln. Wenn Sie jeden Tag so beginnen, wäre dieses Buch reine Zeitverschwendung für Sie.

Aber vielleicht sieht Ihr Start in den Tag anders aus. Würden Sie sonst ein Buch mit diesem Titel in die Hand nehmen? Möglicherweise sind Sie unzufrieden mit Ihrer derzeitigen Situation, weil Sie spüren, dass Sie noch nicht das Glück und den Erfolg, die Sie verdienen, in Ihr Leben gebracht haben.

Aber Erfolg und Glück sind keine Frage von Startchancen, von reichen Eltern, genetischem Glück oder Zufall. Ein glückliches, erfolgreiches Leben ist ein planbarer Dauerzustand. Es kommt nur auf die richtige Herangehensweise an!

Es gibt keine geborenen Versager, genauso wenig wie es geborene Gewinner gibt. Jeder Mensch trägt ein gigantisches Potenzial in sich, das verwirklicht werden möchte. Jeder Tag, den Sie im Nachhinein als mittelmäßig, unbefriedigend oder gar schrecklich bezeichnen, ist ein verlorener, verschwendeter Tag.

Vielleicht denken Sie schon eine längere Zeit über Veränderungen nach und haben auch schon das ein oder andere ausprobiert, ohne eine dauerhafte Wirkung zu erzielen. Vergessen Sie besser alle "Erfolgsrezepte", die Ihnen Checklisten-Lösungen anbieten und Ihnen weismachen, Sie könnten allein durch das Befolgen von Verhaltensregeln Ihr Leben dauerhaft verändern.

Haben Sie nicht auch schon oft darüber nachgedacht, dass es in bestimmten Situationen sehr leicht war, etwas Großes zu schaffen? Im Nachhinein wunderten Sie sich vielleicht, wie einfach es war, Ihr Ziel zu erreichen. Auch, wenn Sie bisher vielleicht kein genaues Verständnis davon hatten, warum einige Dinge Ihnen so leicht, andere so unendlich schwierig waren, haben Sie möglicherweise schon immer geahnt, dass Ihr Unterbewusstsein ein kritischer Faktor für Erfolg oder Misserfolg ist.

Vielleicht entwickeln Sie, während Sie das Buch in Ihren Händen halten und diese Zeilen hier lesen, schon eine erste Ahnung davon, dass der Schlüssel für Ihren Erfolg in Ihnen – und nicht außerhalb – liegt.

Dieses Buch setzt deswegen genau am richtigen Hebel an:

Es wird Sie durch die komplette mentale Entwicklung hin zu einer starken, erfolgreichen Persönlichkeit führen. Die Schritte bauen aufeinander auf. Allein das Lesen dieses Buches wird - ohne dass Sie eine einzige Übung machen - positive Veränderungen bewirken.

Dabei ist es gleichgültig, wo Sie im Moment stehen, ob Sie bereits dabei sind, Ihr Leben in die gewünschte Richtung zu lenken oder noch herumprobieren, Sie werden wichtige positive Veränderungen erleben.

Die hier beschriebenen Techniken sind vielfach erprobt und werden Sie direkt auf Ihren persönlichen Erfolgskurs bringen. Ich weiß aus persönlicher Erfahrung, wie gut diese Techniken wirken und dass Sie – wenn Sie es nur wollen - mit ihnen jedes beliebige Ziel erreichen können.

Besondere Freude werden Sie an der Schatzinsel-Methode haben: Es handelt sich hierbei um eine ganz neue, bisher noch nicht veröffentlichte Technik. Genaugenommen handelt es sich um ein Bündel von einzelnen Techniken, die so verknüpft sind, dass sie sich gegenseitig verstärken. Sie haben dadurch viel mehr Schlagkraft.

Vielleicht möchten Sie einmal intensiv darüber nachdenken, wie es wäre, wenn Sie die Vorteile, die Ihnen dieses Buch bringt, in Ihrem Leben verwirklichen würden:

- ✓ Brechen Sie aus der alltäglichen Tretmühle aus. Verhindern Sie, dass Ihre Gesundheit und Ihr Familienleben weiteren Schaden nehmen durch Stress, Überarbeitung, Ziellosigkeit und zerstörerische Gedanken.

- ✓ Sie verbessern mit erprobten Methoden Ihr Auftreten und Ihre Selbstsicherheit. Sie werden bessere Jobs bekommen, mehr Geld verdienen, ein reicheres Familienleben genießen und mehr Freizeit haben.

- ✓ Sie erhalten wichtige Informationen und Fakten darüber, wie Erfolg und Charakterstärke entstehen. Ich stelle Ihnen einige atemberaubende psychologische Experimente, wie z. B. das Little-Albert-Experiment, vor.

- ✓ Sie erlernen schlagkräftige Erfolgsstrategien. Sie erhalten Erfolgs-Rezepte, die Sie sofort anwenden können. Die Kapitel bauen aufeinander auf, sodass Sie Ihrem Erfolg Schritt für Schritt näherkommen.

Wenn Sie die Schatzinsel-Methode anwenden, werden Sie nach 30 Tagen phänomenale Veränderungen feststellen.

Sie erhalten großen Nutzen aus diesem Buch, wenn Sie es einfach von vorne bis hinten durchlesen und parallel die beschriebenen Übungen machen. Stellen Sie sich einfach vor ich wäre Ihr persönlicher Coach und jedes Kapitel wäre eine Coaching-Sitzung: Wir sitzen am runden Tisch beisammen und ich gebe Ihnen wertvolle Tipps und Übungen an die Hand.

Der Idee der Coaching-Sitzung folgend schreibe ich so, wie ich mit Ihnen sprechen würde, wenn wir ein Coaching-Gespräch führen würden. Also einfach ein Gespräch von Mensch zu Mensch. Einfühlsam, aber oft auch sehr direkt.

Wenn Sie möchten, starten Sie Ihr Erfolgs-Coaching jetzt und legen Sie das Buch erst wieder weg, wenn Sie den Erfolg, den Sie sich so sehr wünschen, in Ihr Leben gebracht haben.

GLÜCK - ERFOLG - SELBSTSICHERHEIT

GEHÖREN SIE AUCH ZU DENJENIGEN, DEREN LEBEN VON ANDEREN MENSCHEN VERUNSTALTET WIRD?

(...UND WAS SIE TUN KÖNNEN, DAMIT DIES NIE WIEDER PASSIERT)

© Uta Herbert / pixelio.de

Vielleicht möchten Sie ein Geheimnis erfahren. Dies ist eines der wichtigsten Dinge im ganzen Buch. Deshalb möchte ich, dass Sie es gleich am Anfang hören. Ich garantiere Ihnen: Wenn Sie es verinnerlichen, wird es niemals wieder jemandem gelingen, in Ihrem Leben herumzupfuschen.

Eigentlich ist dieses Geheimnis gar nicht so geheim: Genaugenommen ist es sogar eine Binsenweisheit: Jeder kennt sie. Und fast keiner lebt im Einklang mit ihr.

Das Geheimnis: Sie selbst sind für Ihr Leben verantwortlich und NICHT ihre Mitmenschen.

Klingt das in Ohren banal? Nun, es ist banal. Aber gehen Sie ein paar Sekunden zurück zu dem Zeitpunkt, als Sie die Überschrift gelesen haben: *„Gehören Sie auch zu denjenigen, deren Leben von anderen Menschen verunstaltet wird?"* Haben Sie vielleicht innerlich genickt? Und waren Sie nicht neugierig darauf, zu erfahren, wie Sie dies verhindern können?

Machen Sie diese Frage ab jetzt zu Ihrer Gewohnheit: *„Was kann ICH jetzt in diesem Moment tun, um meine Situation zu verbessern?"* Wenn Sie sich dabei ertappen, wie Sie über die miesen Umstände, unfähige Kollegen, schlechte Freunde und generell über die Welt, die immer schlechter wird, klagen, denken Sie an diese Frage.

Das Prinzip zu verstehen ist einfach, aber nach ihm zu leben ist schwierig. In den weiteren Kapiteln werden wir Schritt für Schritt die Bedeutung, die hinter dieser Frage *„Was kann ICH jetzt in diesem Moment tun, um meine Situation zu verbessern?"* steht, erkennen. Dann kümmern wir uns um die Anwendung dieses Prinzips und ich verspreche Ihnen nicht weniger als Folgendes:

Nach einem Monat werden Ihre Freunde Sie nicht wieder erkennen, weil Sie so enorm an positiver Kraft und Ausstrahlung gewonnen haben.

Es ist vollkommen in Ordnung, jetzt etwas skeptisch zu sein und dieses Kapitel „aus sicherer Distanz" zu lesen. Sie müssen sich nicht sofort auf alles einlassen, um die Vorteile dieses Buches zu genießen. Sie können jedoch schon jetzt damit beginnen, das, was Sie hier eben gelesen haben, in Ihrer ganz eigenen Art und Weise aufzunehmen und zu verstehen. In den nächsten Tagen, Wochen oder Monaten werden Sie vielleicht häufiger an dieses Kapitel denken und die Inhalte positiv in Ihr Leben integrieren. Viele Menschen haben die vorhin beschriebene Frage stets in Ihrem Hinterkopf und erleben dadurch eine ganz neue Freiheit.

Lassen Sie sich davon überraschen, wie sich im weiteren Verlauf dieses Buches das Puzzle mehr und mehr zusammensetzt.

AUCH WENN SIE KEINE SCHÖNE KINDHEIT HATTEN, KÖNNEN SIE IHR LEBEN GENIESSEN

© Helene Souza / pixelio.de

„Meine ganze Kindheit war schön und gut. Deshalb bin ich auch ein harmonischer Mensch geworden."

- Hans-Joachim Kulenkampff

„Meine ganze Kindheit war weder schön noch gut. Deshalb bin ich auch kein harmonischer Mensch geworden."

- ausgedacht

Woran denken Sie, wenn Sie das zweite (von mir ausgedachte) Zitat lesen? Vielleicht glaubten Sie bisher, dass die Zukunft eines Menschen während der Kindheit mit einem Lasergravurgerät in ein „Buch des Schicksals" eingebrannt wird. Dass der Mensch am Anfang seines Lebens eine ungeheure Entwicklung erlebt, die sich nach und nach verlangsamt und schließlich stagniert?

Was passiert, wenn diese Phase vorbei ist? Dann wäre die Entwicklung abgeschlossen und die wesentlichen Züge der Persönlichkeit eines Menschen für immer festgelegt: Versager, bitte rechts einordnen, Gewinner bitte auf die Überholspur.

Vielleicht haben Sie schon früher oder auch erst jetzt darüber nachgedacht, wie viele Menschen genau solche Gedanken haben und sich damit selbst in Ketten legen. Aber für viele ist dieser Gedanke sehr bequem. Sie können sich zurücklehnen und sagen: *„Ich trage keine Schuld an meinen schlechten Eigenschaften und Schwächen. Ich habe sie in der Kindheit entwickelt. Ich kann nicht aus meiner Haut heraus."*

Sie müssen sicher nicht lange nachdenken, um zu erkennen, dass diese Aussage nicht richtig ist. Denken Sie nur an die vielen erfolgreichen Menschen, die eine schwierige Kindheit hatten. Bill Clinton zum Beispiel. Sein Vater starb bei einem Autounfall, sodass er ohne eigenen Vater aufwachsen musste. Seine Mutter heiratete später erneut. Sein Stiefvater entwickelte eine Alkoholsucht und wurde gewalttätig. Bill Clinton hätte sicher gerne eine schönere Kindheit gehabt, aber er glaubte an sich selbst und daran, dass er alles erreichen könnte. Und sehen Sie, was er tatsächlich alles erreicht hat.

Können Sie sich an diesem Punkt bereits vorstellen, alles erreichen zu können? Aber dazu müssen wir den Gedanken abwerfen, dass eine schwierige Kindheit ein unlösbares Problem ist. Nicht die Kindheit ist das Problem, sondern der Glaube daran, dass wir für immer festgelegt sind: Er wirkt wie ein mit großen Steinen gefüllter Rucksack, den ein Mensch ständig mit sich herumschleppen muss.

Ja, wir machen in den ersten Jahren unseres Lebens sehr wichtige Erfahrungen. Sie haben große Auswirkungen auf unsere Persönlichkeit. Neurologie und Psychologie haben jedoch in den letzten Jahren bewiesen: Das gesamte Gehirn und damit auch die Persönlichkeit eines Menschen ist über das ganze Leben hinweg veränderbar.

Wissenschaftler nennen das „Neuroplastizität". Vor dieser Entdeckung gingen Wissenschaftler tatsächlich davon aus, dass das Gehirn in den ersten Jahren des Lebens heranwächst und sich je nach Erziehung, Umfeld und Erfahrung auf eine bestimmte Weise "verdrahtet". Die Menschen dachten, das Gehirn habe eine feste Struktur, die sich niemals mehr ändern würde.

Die frischen Erkenntnisse der Neuroplastizität zeigen: Es gibt keinen „fertigen" Zustand des Gehirns. Vielmehr ist das Gehirn wie ein gigantisches, sich ständig weiter entwickelndes Netzwerk aufgebaut. Es verzweigt sich immer weiter. Es erschafft ständig neue Verbindungen zwischen seinen Netzknoten oder löst Verbindungen auf. Die ersten (und sehr viele) Verbindungen dieses Netzwerks werden in den frühen Lebensjahren gelegt. Das Gehirn bleibt aber immer in der Lage, neue Verbindungen herzustellen. Dabei ist es gleichgültig, wie alt jemand ist oder welche Erfahrungen er in seinem Leben gemacht hat.

Ich frage mich, ob Sie schon bemerkt haben, wie hilfreich es sein kann, sich von dem Gedanken, Opfer der Umstände zu sein, endgültig zu verabschieden?

Stellen Sie sich vor, wie Sie nach einer langen Bergwanderung mit einem schweren Rucksack eine Raststätte erreichen. Verinnerlichen Sie den Moment, in dem Sie den schweren Rucksack vom Rücken nehmen und mit einem triumphalen „Ja!" in die Ecke werfen. Kennen Sie das Gefühl der Leichtigkeit und Beweglichkeit, die Sie in diesem Moment spüren? Genau so ist das mit dem Abwerfen von Ballast aus der Kindheit. Nur, dass dieses schöne Gefühl für immer anhält.

Doch der Abwurf geht nicht immer einfach. Vorher müssen wir verstehen, wie wir zu den lähmenden Gedanken kommen konnten. Dies ist eines der Dinge, die wir uns im nächsten Kapitel anschauen.

Vielleicht werden Sie bereits jetzt anfangen, die neuen Erkenntnisse auf Ihre ganz eigene Art und Weise in Ihr Leben zu integrieren. Vielleicht gehen Sie auch behutsamer vor, betrachten das nächste Kapitel aus sicherer Distanz und entscheiden dann, wie Sie den neuen Erkenntnissen Rechnung tragen werden. Ich werde Sie nicht bitten, das Gelesene sofort mit Ihrem eigenen Leben zu vergleichen und eine Bestandsaufnahme zu machen. Viel wichtiger ist es, den Informationen ganz offen und neugierig gegenüberzutreten. Sie können es sich leisten, das zu tun, da Sie im weiteren Verlauf des Buches, mit jeder Seite, mehr und mehr Ihre eigenen Stärken und Ihr Potenzial erkennen und somit von Tag zu Tag sicherer und gelassener werden. Warum sollten Sie sich nicht die Freiheit nehmen, neues Wissen einmal ganz wertneutral aufzunehmen?

DIE SCHATZINSEL-METHODE

ZIEHEN SIE DEN HAUPTGEWINN – OHNE AN DER LOTTERIE TEILZUNEHMEN

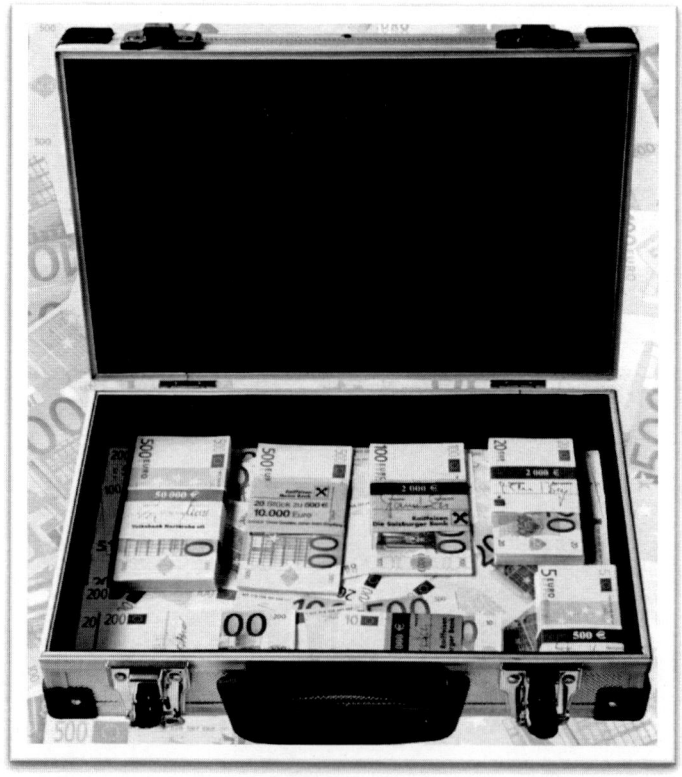

© Thorben Wengert / pixelio.de

Das, worüber wir gleich sprechen, ist eine große Entdeckung der Psychologie. Es ist der Anfang von allem. Menschen zu allen Zeiten und an allen Orten wussten davon. Doch erst im letzten Jahrhundert wurde diese Frage untersucht und auf eine wissenschaftliche Basis gestellt.

Es geht darum, wie wir uns vom Baby zum Erwachsenen entwickeln, oder genauer: wie sich unsere Selbstwahrnehmung herausbildet. Unser Bild von uns und der Welt. Alle Menschen folgen in dieser Entwicklung einem bestimmten Code. Doch fast alle bleiben auf halbem Wege stecken. Und verlieren damit unglaubliche Möglichkeiten.

Stellen Sie sich vor, Sie kaufen sich bei einer Lotterie 3 Lose. Sie gewinnen nichts. Was Sie nicht wissen, ist, dass das 4. Los, das Sie leider nicht gekauft haben, der Hauptgewinn ist. Sie ärgern sich noch nicht einmal darüber - denn Sie wissen schlichtweg nicht, welches große Glück nur ein Los von Ihnen entfernt auf Sie wartete.

Möglicherweise wissen Sie auf einer intuitiven, unterbewussten Ebene bereits, wo das Gewinner-Los liegt. Wie würde es sich anfühlen, wenn Sie bewusst über das Wissen verfügen würden, wo die großen Gewinne zu holen sind? Ich spreche hier von Gewinnen, die wichtiger sind als Geld: Ich spreche von Ihrer Persönlichkeit, Ihrem Glück und Ihrem Erfolg.

Der berühmte Psychologe Carl Gustav Jung hat sich intensiv mit Menschen und ihren verschiedenen Biografien beschäftigt. Er war DER Experte auf dem Gebiet der Entwicklungspsychologie. Viele seiner Entdeckungen werden auch heute noch an den Universitäten gelehrt.

Jung unterscheidet fünf Stufen der Entwicklung, die ein Mensch in seinem Leben durchläuft. Eine Stufe folgt der anderen. Doch die meisten Menschen bleiben schon auf der dritten Stufe stehen.

Erste Stufe

In den ersten Monaten seines Lebens ist dem Säugling noch nicht bewusst, dass es ein eigenständiges, vom Rest der Welt getrenntes Lebewesen ist. Es befindet sich in einem Zustand der Ganzheit: Es ist nicht in der Lage zu unterscheiden, wo es selbst aufhört und wo die Mutter anfängt.

Zweite Stufe

In der zweiten Stufe erkennt der junge Mensch, dass es einen Unterschied gibt, zwischen ihm selbst und dem, was es nicht ist. Seine ersten und wichtigsten Bezugsobjekte sind die Eltern. Sie stillen die Bedürfnisse und Wünsche des Kindes und sichern sein Überleben. Sie geben ihm Nahrung und Liebe, oder entziehen sie ihm. Deshalb sieht es seine Eltern als allmächtig und allwissend an. Sie sind die Götter in seiner kleinen Welt.

Ein Gedankenmuster, das sich in dieser frühen Phase in dem Unterbewusstsein des Kindes festbrennt, lautet: *„Die äußeren Dinge (meine Eltern) bestimmen, was geschieht. Sie haben bestimmte Eigenschaften, sind entweder gut oder böse, groß oder klein, schnell oder langsam. Ich selbst habe keine Eigenschaften, sondern reagiere nur auf das, was die äußeren Dinge mit mir machen."*

Dritte Stufe

In der dritten Stufe kommt es zur großen Enttäuschung: Spätestens mit dem Beginn der Teenager-Zeit erkennt der Jugendliche, dass seine Eltern keine allwissenden Götter sind. Enttäuscht betrachtet er nun seine Eltern überkritisch, akzeptiert ihre Autorität nicht mehr und sieht überall nur ihre vermeintlichen Mängel.

Die Loslösung von den Eltern führt dazu, dass der Jugendliche die Allmacht, die er vorher den Eltern zusprach, auf andere, teilweise abstrakte Dinge überträgt: Götter, Schicksal, Werte, Popikonen oder Ideologien. Die Macht, die die Eltern verloren haben, überträgt der Jugendliche auf andere Dinge – nur nicht auf sich selbst.

Viele Menschen bleiben ihr gesamtes Leben lang in der dritten Stufe stehen. Sie übertragen die Verantwortung für ihr Leben auf verschiedene Institutionen, Religionen, Menschen oder Werte. Sie berauben sich ihrer eigenen Gestaltungsmöglichkeiten, weil Sie sich - wie früher das Kleinkind - lediglich als Reagierende sehen. Sie machen die Umwelt für ihre eigenen Taten verantwortlich.

Vierte Stufe

Der Mensch beginnt nun, sich zu befreien. Er erkennt sich selbst als den Gestalter seines Lebens. Er nimmt wahr, dass er sein Leben bisher nur als Reagierender gelebt hat. Er erkennt: *„Ich bin der Regisseur meines Lebens. Ich bin äußeren Bedingungen nicht ausgeliefert. Ich kann mich und damit meine Umwelt verändern!"*

Fünfte Stufe

Die fünfte Stufe erreichen Menschen, wenn überhaupt, im fortgeschrittenen Alter: Ihr Leben wird ruhiger und sie haben genug Zeit, über sich nachzudenken. In dieser Stufe lösen sich viele Dinge aus dem Unterbewusstsein und gleiten ins Bewusstsein. Der Mensch erkennt die Einflüsse des Unterbewusstseins und integriert sie bewusst.

Ein Mensch, der die Zwänge, Komplexe und Einflüsse des Unterbewusstseins auf das Bewusstsein erkannt und somit gelöst hat, kann sein Potenzial frei entfalten. Er ist in seinem Verhalten nicht mehr an innere Fesseln gebunden.

Ich frage mich, wie sehr Sie sich gerade mit der Frage beschäftigen, auf welcher Stufe Sie sich befinden. Auf der anderen Seite ist das möglicherweise gar nicht so wichtig. Ist es nicht vielmehr schön zu wissen, dass es weiter geht? Dass unsere Entwicklung noch nicht am Ende ist? Während Sie noch über die 5 Stufen grübeln, ist Ihr Unterbewusstsein, dass immer nur Ihr Bestes möchte, vielleicht genau in diesem Moment dabei, den Aufstieg in die nächste Stufe einzuleiten. Lassen Sie es zu und richten Sie Ihre Gedanken darauf, wie gut es sich anfühlt zu erkennen, dass – möglicherweise trotz aller derzeitigen Schwierigkeiten und Zwänge – völlige Freiheit und Glück absolut möglich sind.

GLÜCK - ERFOLG - SELBSTSICHERHEIT

ACHTUNG. WIE EIN GEWÖHNLICHER HUND IN IHR UNTERBEWUSSTSEIN EINDRINGT UND SPIELCHEN MIT IHNEN SPIELT

© miraliki / pixelio.de

Wie oft sagen Sie sich: *„Er hat mich wütend gemacht."* Oder: *„Ich kann nichts dafür, er hat angefangen."* Oder: *„Wenn ich vor einer Gruppe von Menschen reden muss, stockt mir sofort das Herz."* Oder: *„Hunde machen mir Angst."*

Kennen Sie einen solchen Hund, der anderen Menschen Angst macht?

Bevor Sie antworten, möchten Sie vielleicht erst einmal das Kapitel zu Ende lesen. Vielleicht dreht sich Ihre Antwort ja um 180 Grad. Ich zumindest kenne keinen Hund, der irgendjemandem Angst macht. Ich glaube auch nicht, dass es auf der Welt so einen Hund gibt. Vielleicht kann ich Sie ja von dieser Theorie überzeugen.

Aber vorher wollen wir die Ernte des letzten Kapitels einfahren. Die wichtige Erkenntnis, die wir gewinnen: Die meisten von uns haben, ohne dass sie es gemerkt haben, das Ruder ihres Lebens aus der Hand gelegt. Viele leben ihr Leben als Reaktion auf äußere Umstände. Unterbewusst wirkt das Denkmuster des Kleinkindes: *„Ich selbst habe keine Eigenschaften, es sind die äußeren Objekte, die Eigenschaften besitzen. Ich reagiere nur."*

Das Heimtückische an der Sache ist, dass dieses Denkmuster sich in unseren frühen Lebensjahren in unserem Unterbewusstsein eingenistet hat und von dort aus schamlos und unbemerkt unsere Gedanken, Handlungen und Eigenschaften manipuliert.

Auf den folgenden Seiten schauen wir uns an, wie angelernte Denkmuster, Glaubenssätze und Gewohnheiten über unser Leben entscheiden. Sie werden viele Dinge erfahren, die Sie vielleicht erst einmal ablehnen oder zumindest als für Sie nicht zutreffend bewerten. Möglicherweise haben Sie recht damit und diese Dinge betreffen Sie nicht. Um genau dies herauszufinden, kann es hilfreich sein, sich erst einmal gedanklich ganz darauf einzulassen. Daher schlage ich Ihnen vor – als Gedankenexperiment – einfach einmal davon auszugehen, dass Sie tatsächlich betroffen sind. Wie fühlt es sich an zu erkennen, dass dieses oder jenes auf Sie zutrifft? Diese

GLÜCK - ERFOLG - SELBSTSICHERHEIT

Gedanken können uns manchmal sehr unangenehm sein. Aber sie sind ein notwendiger Schritt auf dem Weg zum Erfolg.

Aber bevor wir zum nächsten Kapitel gehen, möchte ich versuchen, Sie davon zu überzeugen, dass es keinen Hund gibt, der Menschen Angst macht.

Ich frage mich, wie Hunde einem Menschen Angst machen könnten. Können Hunde auf irgendeine Weise in die Körperfunktionen eines Menschen eingreifen und die Hormonproduktion umstellen, Adrenalin ins Blut pumpen? Können Hunde menschliche Gefühle manipulieren und Angst und Furcht in unsere Köpfe pflanzen?

Zwischen dem Reiz von außen (dem Hund) und unserer Reaktion (der Angst) liegt noch ein ganz wichtiger Schritt: Nämlich die Art und Weise, wie unser Unterbewusstsein mit der Information "*da ist ein Hund*" umgeht. Die emotionale Einfärbung von Informationen findet unterbewusst statt. Von daher glauben wir fälschlicherweise, dass sich dieser Prozess außerhalb unserer Macht abspielt. Wir sehen nur den Hund und die Angst, aber nicht, was dazwischen passiert.

Wir sind es jedoch selbst, die diese Angst vor dem Hund erzeugen. Genauso ist es mit vielen anderen Dingen: Nicht die Zuschauer sind es, die uns mit Lampenfieber übergießen. Und es ist nicht der Chef, der uns mit seinem dominanten Auftreten das Gefühl gibt, ein armes Würstchen zu sein. Wir sind es selbst! Wir selbst machen uns zu armen Würstchen.

Ich glaube daher, dass es heißen müsste: *„Ich sehe einen Hund und mache mir selbst Angst."* Sehen Sie den gewaltigen Unterschied zu der Aussage: *„Dieser Hund macht mir Angst"*?

Wie schnell werden Sie verinnerlicht haben, dass Sie nicht nur der Hauptdarsteller, sondern auch der Regisseur Ihres Lebens sind? Dass Sie derjenige sind, der "*Action*" ruft? Sie haben es in der Hand, das Drehbuch Ihres Lebens zu verfassen. Sie können entscheiden, wie Sie auf die äußeren Umstände reagieren.

DIE SCHATZINSEL-METHODE

Ist es nicht schön zu wissen, dass wir NICHT Opfer der äußeren Umstände sind? Vielleicht werden Sie dieser Aussage jetzt noch nicht gleich zustimmen und erst noch mehr darüber erfahren wollen. Wie wäre es, wenn Sie sich einmal darauf einließen zu glauben, dass diese Behauptung wahr wäre: Können Sie sich eine bessere Art und Weise, zu leben, vorstellen?

WENN SIE ERNSTHAFT ERFOLGREICH SEIN WOLLEN, MÜSSEN SIE IHRE GEHEIMWAFFE EINSETZEN

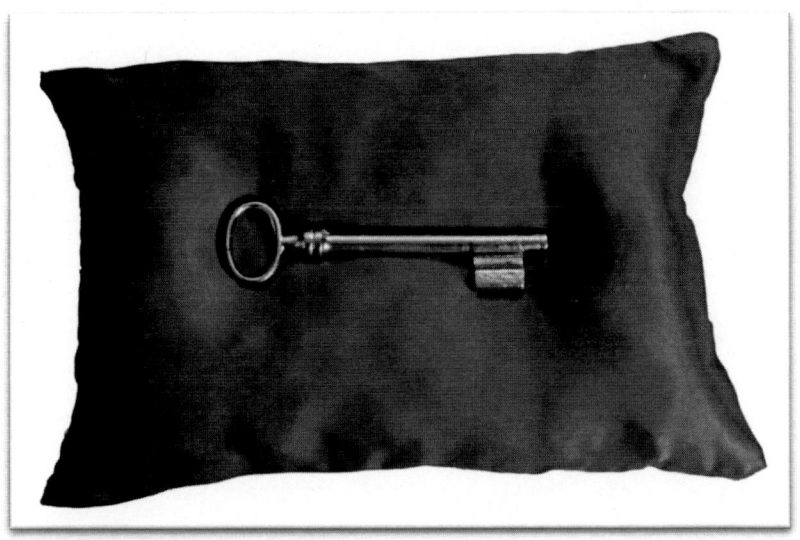

© RainerSturm / pixelio.de

Ja, Sie haben eine Geheimwaffe. Diese Waffe ist so geheim, dass die meisten von uns keine Ahnung haben, wie sie funktioniert und wie sie sie nutzen können. Die meisten von uns sind sich gar nicht bewusst, dass sie diese Waffe in ihrem Arsenal stehen haben. Viele kämpfen lieber mit einer alten Steinschleuder.

Im Laufe dieses Buches lernen Sie, wie Sie mit Ihrer Geheimwaffe umgehen. Wenn Sie den Umgang mit Ihr gemeistert haben, verfügen Sie über eine regelrechte lasergelenkte Erfolgsrakete mit automatischer Zielsuche. Ich würde Ihnen nun gerne zeigen, wo Sie diese erstaunliche Waffe finden.

Sie ist immer da, Sie spüren ihr Wirken zu jedem Zeitpunkt, aber Sie können Sie nicht sehen: Ein ganz wichtiger, unsichtbarer aber unheimlich mächtiger Teil unseres Wesens ist das Unterbewusstsein.

Vielleicht möchten Sie es sich als ein gigantisches Netzwerk vorstellen. Dieses Netzwerk ist Teil unseres Gehirns. Es beinhaltet alles, was wir je in unserem Leben an Eindrücken, Erfahrungen und Bildern gewonnen haben. Es geht nichts verloren. Jede kleinste, vermeintlich unwichtige Information wird in dieses Netzwerk integriert. Und zwar seit Beginn unseres Lebens.

Alles, was wir erlebt haben, auch wenn wir uns nicht mehr aktiv daran erinnern können, wird in diesem Netzwerk bewahrt. Sämtliche Erfahrungen, positive und negative. All diese Dinge sind Teil des Ichs und wirken beständig auf uns ein; selbst, wenn Erfahrungen oder Erlebnisse weit in der Vergangenheit liegen.

Stellen Sie sich einen großen Kreis vor. Dieser Kreis ist das Ich. Stellen Sie sich nun einen weiteren Kreis vor, der in der Mitte des ersten Kreises liegt und viel, viel kleiner ist als der große Kreis. Dieser kleine Kreis ist das Bewusstsein. Alles andere ist Territorium des Unterbewusstseins.

Das Ich setzt sich also neben unserer körperlichen Existenz aus dem Bewusstsein und dem Unterbewusstsein zusammen.

Unterbe-
wusstsein

Bewusstsein

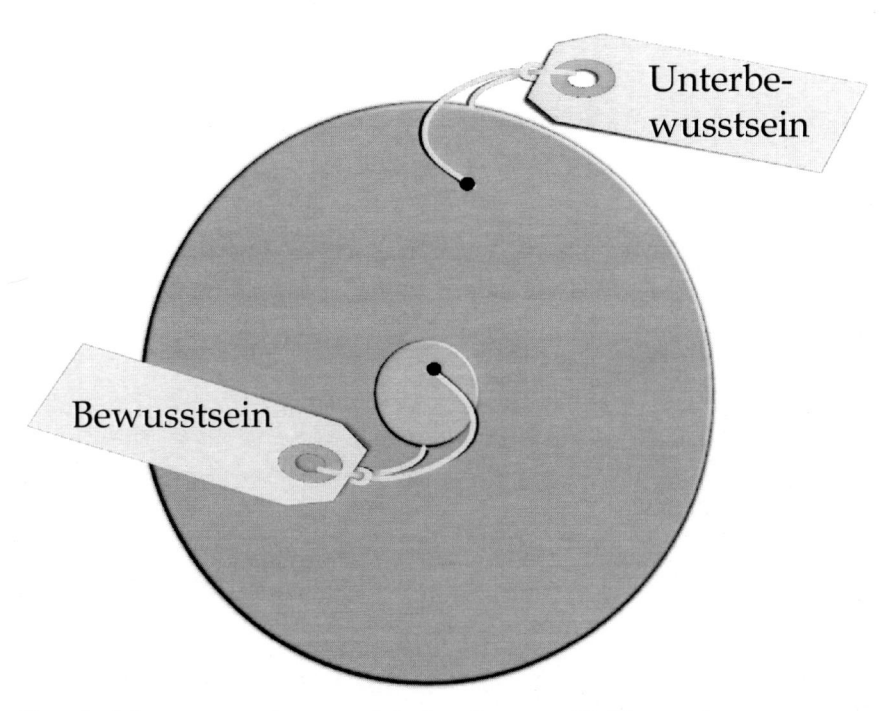

Durch Messungen lassen sich bestimmte Gehirnregionen ausmachen, die eher zum Unterbewusstsein oder zum Bewusstsein zählen. Wir reden hier also nicht über abstrakte Modelle: Die Wissenschaft hat all dies belegt.

Was kann das Bewusstsein? Das Bewusstsein ist das Zentrum des Wollens, des Wünschens, des Denkens und Handelns. Es ist der Teil von Ihnen, der jetzt gerade diese Buchstaben liest und über den Sinn nachdenkt. Es ist der Teil, mit dem Sie Entscheidungen treffen, Rechenaufgaben lösen oder ein Gespräch führen.

Das Bewusstsein arbeitet rational, analytisch und ist durch den Verstand geprägt. Es arbeitet Schritt für Schritt, eine Sache nach der anderen. Und vor allen Dingen: Es ist, verglichen mit dem Unterbewusstsein, in seiner Leistungsfähigkeit sehr bescheiden.

Wenn wir bildlich gesprochen das Unterbewusstsein als lasergelenkte Superwaffe bezeichnen, wäre das Bewusstsein nichts anderes als eine jämmerliche Steinschleuder.

Das Unterbewusstsein entzieht sich unserer direkten Kontrolle. Das ist gut so. Es hat nämlich unglaublich viele Aufgaben: Zum Beispiel reguliert es sämtliche Körperfunktionen, von der Hormonproduktion über das Immunsystem bis hin zum Herzschlag. Müssten Sie diese unglaublich komplizierten Abläufe mit Ihrem Bewusstsein steuern, würden Sie keine 3 Sekunden überleben.

Das Unterbewusstsein arbeitet ganzheitlich, gleichzeitig, und mit einer unglaublichen Geschwindigkeit. Wir können uns das Unterbewusstsein als ein sich weit verzweigendes Netzwerk von Bildern und Erfahrungen vorstellen. Alles, was wir jemals erlebt oder empfunden haben, sämtliche Erinnerungen, Erlebnisse, Deutungen werden gespeichert und miteinander in Verbindung gebracht.

Jetzt, wo Sie von der Existenz dieser Superwaffe namens „Unterbewusstsein" wissen, können Sie es vielleicht nicht mehr abwarten, endlich auf den roten Feuer-Knopf zu drücken. Das kann ich verstehen. Wenn Sie die Superwaffe einmal mit Erfolg benutzt haben, werden Sie immer mehr davon haben wollen. Im nächsten Kapitel schauen wir sie uns genauer an.

GLÜCK - ERFOLG - SELBSTSICHERHEIT

GEHEIMNIS GELÜFTET: WIE IHR UNTERBEWUSSTSEIN FUNKTIONIERT UND WARUM SIE TROTZDEM NICHT VERRÜCKT WERDEN

© lichtkunst.73 / pixelio.de

DIE SCHATZINSEL-METHODE

Ich habe eben häufiger den Begriff „Netzwerk" benutzt. Vielleicht wollen Sie gerne mehr darüber erfahren. Denn dieses Funktionsprinzip ist genauso großartig wie gefährlich. Nur, wenn Sie die Funktionsweise des Unterbewusstseins kennen, können Sie es einsetzen, um Ihre Ziele zu erreichen.

Gestatten Sie sich dieses Prinzip zu verinnerlichen und die Strategien aus diesem Buch anzuwenden und Sie werden Ihre Ziele quasi GPS-gesteuert erreichen.

Dieses Netzwerk hat übrigens schätzungsweise 100 Milliarden Knotenpunkte (in der Fachsprache: Neuronen). Diese 100 Milliarden sind durch 100 Billionen Synapsen (Verbindungen zwischen Neuronen) verbunden. Dies sind Zahlen, die wir uns nicht vorstellen können. Sie geben uns aber einen deutlichen Hinweis darauf, wie gewaltig dieses Netzwerk ist.

Sie sind jetzt vielleicht schon neugierig auf ein Beispiel wie dieses Netzwerk funktioniert. Denken Sie jetzt an einen Apfel und achten Sie auf die Bilder, die Sie dabei vor Ihrem inneren Auge sehen. Vielleicht sehen Sie zunächst das Bild eines schönen, saftigen, roten Apfels. Vielleicht denken Sie an das knackende Geräusch, wenn Sie in den Apfel beißen. Kurz danach erinnern Sie sich an diesen blöden Spruch aus dem Englischunterricht: "*One Apple a day, keeps the doctor away.*"

Schon sind Sie gedanklich in dem Klassenraum, in dem Sie früher Ihren Englischunterricht genossen haben. Sie erinnern sich an Ihre Schule. Nach und nach tauchen die Lehrer und Mitschüler vor Ihrem inneren Auge auf. Ihnen kommt in den Sinn, dass sie neulich einen alten Klassenkameraden getroffen haben. Sie wollten ihn eigentlich anrufen. Leider haben Sie im Moment kaum Zeit, weil Ihre Arbeit Sie gerade ganz schön in Anspruch nimmt. Zum Glück ist bald Urlaub, dann können Sie endlich mal wieder entspannt am Strand liegen ...

Dieses Beispiel verdeutlicht Ihnen das Prinzip des Netzwerks. Am Anfang war da der Gedanke an einen Apfel. Am Ende sind Sie am

Strand gelandet. Der Einfachheit wegen gingen wir im Beispiel eben davon aus, dass ein Gedanke nur jeweils einen weiteren Gedanken erzeugt. Dieses gigantische Netzwerk, über das wir die ganze Zeit reden, ist jedoch viel komplizierter:

Ein Knoten unseres Netzwerks ist mit einer Unzahl anderer Knoten verbunden, die ihrerseits auch wieder mit unzähligen anderen Knoten verbunden sind. Die Knoten aktivieren sich gegenseitig, je nachdem wie gut sie vernetzt sind. Auf diese Weise kann in unserem Netzwerk ein einfacher Gedanke, zum Beispiel an einen Apfel, lawinenartig eine riesige Anzahl an Verbindungen aktivieren.

Stellen Sie sich vor, der Anblick eines Apfels würde diese Flut an Gedanken in Ihr Bewusstsein spülen. Sie wären handlungsunfähig, völlig überfordert und Ihr Bewusstsein, Ihre Kommandobrücke, lahmgelegt. Unser Bewusstsein kann immer nur eine Sache gleichzeitig bearbeiten. Sonst wäre es hoffnungslos überfordert. Sie würden wahrscheinlich in kürzester Zeit verrückt werden.

Damit Sie nicht auf diese Weise lahmgelegt werden, gibt es eine Grenze zwischen dem Bewusstsein und dem Unterbewusstsein.

Diese Grenze ermöglicht eine Arbeitsteilung: Das Unterbewusstsein erledigt den Löwenanteil der Arbeit und hält dem Bewusstsein den Rücken frei. Das Bewusstsein hingegen trifft Entscheidungen und legt die generelle Marschrichtung fest.

Um bildlich zu sprechen: Ihr Bewusstsein ist die Brücke eines Schiffes, während das Unterbewusstsein der Maschinenraum ist. Die Grenze zwischen Bewusstsein und Unterbewusstsein ist durchlässig: Alle Informationen des Bewusstseins strömen in das Unterbewusstsein. Umgekehrt ist es jedoch ganz anders: Das Unterbewusstsein sendet nur diejenigen Informationen ins Bewusstsein, die es in diesem Moment als wichtig erachtet.

Besser, wir stellen uns nicht vor was wohl passiert, wenn das Unterbewusstsein nur noch Müll in unser Unterbewusstsein sendet. Auf jeden Fall würde das nicht gut ausgehen. Lesen Sie weiter,

DIE SCHATZINSEL-METHODE

damit es dazu nicht kommt und Sie nicht Opfer Ihrer eigenen Gedanken werden.

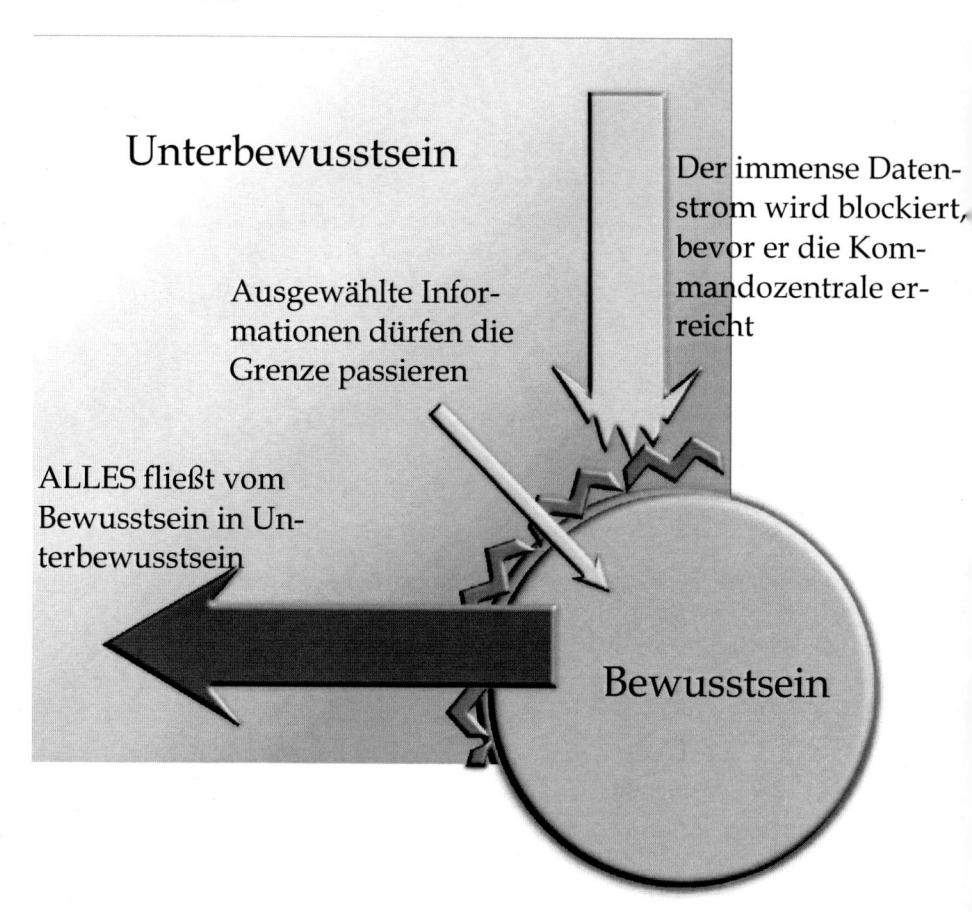

Unterbewusstsein

Ausgewählte Informationen dürfen die Grenze passieren

Der immense Datenstrom wird blockiert, bevor er die Kommandozentrale erreicht

ALLES fließt vom Bewusstsein in Unterbewusstsein

Bewusstsein

GLÜCK - ERFOLG - SELBSTSICHERHEIT

GEHÖREN SIE ZU DEN MENSCHEN, DIE VON IHREM EIGENEN UNTERBEWUSSTSEIN SABOTIERT WERDEN?

© Dieter Schütz / pixelio.de

Macht Ihnen möglicherweise Ihr eigenes Unterbewusstsein das Leben zur Hölle? Richten Sie gar Ihre Superwaffe an Ihre eigene Schläfe? Sie erfahren gleich einen ganz einfachen Test, um dies herauszufinden.

Falls Sie wirklich herausfinden sollten, dass Ihr Unterbewusstsein Sie systematisch sabotiert und Ihnen einen Knüppelschlag nach dem anderen verpasst, verzweifeln Sie bitte nicht: Unsere „Geheimwaffe" ist zwar automatisch zielsuchend, aber SIE SELBST haben die Ziele vorher einprogrammiert. Und jede Information zu diesem Thema, die Sie gleich lesen werden, kann dazu führen, dass Sie mehr und mehr erkennen, wie einfach Sie durch eine Umprogrammierung von der Kraft Ihres Unterbewusstseins profitieren können.

Bevor wir den Test durchführen, möchte ich Ihnen etwas über die Arbeitsteilung zwischen Bewusstsein und Unterbewusstsein erzählen.

Das praktische an dieser Arbeitsteilung ist, dass Sie Ihr Unterbewusstsein, diesen gigantischen Wissens- und Erfahrungsspeicher, nutzen können, ohne den gesamten Schwall an Netzwerk-Assoziationen abzubekommen.

Denken Sie an das Beispiel mit dem Apfel. Vielleicht wollen Sie einfach nur einen Apfel essen und keine Sturmflut an Erinnerungen, Verknüpfungen und Vergleichen in Ihr Bewusstsein geschossen bekommen. Das Unterbewusstsein sorgt deshalb dafür, dass Sie nur die relevanten Informationen erhalten.

Ein anderer großer Vorteil ist, dass Sie Routineaufgaben an das Unterbewusstsein delegieren können. Dies geschieht ganz automatisch. Denken Sie nur an das Autofahren.

Ist es Ihnen auch schon einmal so ergangen, dass Sie in Ihr Auto einstiegen und das nächste, woran Sie sich erinnern konnten, war, dass Sie am Ziel waren? Wer fuhr in der Zwischenzeit das Auto, während Sie mit Ihren Gedanken ganz woanders waren?

Viele Dinge, die wir immer wieder tun, werden von unserem Unterbewusstsein automatisch übernommen. Ein gutes Beispiel ist die Bewegung auf zwei Beinen. Beim Gehen ist die gesamte Muskulatur des Körpers beteiligt, von den Muskeln in den Füßen bis hoch zur Nackenmuskulatur. Müssten Sie bewusst all diese Muskeln koordinieren, würden Sie sich wie ein Kleinkind bewegen und ziemlich oft auf dem Hintern landen.

Genauso ist es beim Autofahren. Am Anfang mussten Sie alle Tätigkeiten wie kuppeln, Gas geben, bremsen, Blinker setzen, lenken und den Seitenblick durch Ihr bewusstes Handeln erledigen. Dementsprechend unsicher sind Sie wahrscheinlich am Anfang gefahren. Je mehr Ihnen das Autofahren später zur Routine geworden ist, desto mehr hat das Unterbewusstsein diese Funktion übernommen.

Dies ist einer der großen Vorteile der Trennung zwischen Bewusstsein und Unterbewusstsein. Unser Leben wird einfacher. Oder um es noch deutlicher auszudrücken: Ohne diese Trennung wäre ein Leben, so wie wir es kennen, gar nicht möglich.

Dieser Vorteil kann jedoch zu einem schwerwiegenden Nachteil und einem echten Problem werden. Wenn nämlich unser Unterbewusstsein Netzwerkverbindungen hergestellt hat, die schädlich für uns sind. Die Folgen davon machen uns das Leben schwer!

Dies können zum Beispiel schlechte Gewohnheiten sein oder Reaktionen wie die Angst vor einem Hund. Da wir keinen direkten Zugriff auf unser Unterbewusstsein haben, können wir diese ungewollten Verknüpfungen nicht sehen. Wir sind dann oftmals ratlos und fragen uns, wieso wir diese panische Angst haben, obwohl unser Verstand uns sagt, dass von diesem kleinen Hund keine Gefahr ausgeht.

Unser Unterbewusstsein hat zu unserem Schutz Schranken in das Netzwerk eingerichtet, die wir nicht ohne Weiteres umgehen können. Wir können nicht durch kurzes Nachdenken oder durch den

Versuch, uns zu erinnern, erkennen, warum wir gerade so und nicht anders reagieren.

Möglicherweise hatten Ihre Eltern große Angst vor Hunden und Sie haben sich dieses Verhalten als Kleinkind einfach von Ihnen abgeschaut und verinnerlicht. Vielleicht hatten Sie als Kleinkind einmal Todesängste ausgestanden, als Sie ein Hund mit fletschenden Zähnen angebellt hat. Das Unterbewusstsein hat damals gelernt: *„Hund bedeutet Gefahr! Nichts wie weg!"* Genau diese Warnung sendet es dann bei jedem Hund an den Körper, der mit erhöhter Muskelanspannung, Schwitzen und Adrenalinausschüttung reagiert.

Gleichzeitig möchte das Unterbewusstsein uns davor bewahren, diese negative Erfahrung noch einmal in der Erinnerung zu durchleben. Daher schirmt es diese Erinnerung ab. Sie haben keinen Zugriff darauf. Der Hund löst in Ihnen Angst aus und Sie können nicht sagen, weshalb Sie diese Angst spüren.

Sie werden glücklicherweise in diesem Buch lernen, wie Sie mit Mentaltechniken Ihr Unterbewusstsein umprogrammieren können.

Zunächst bleiben wir aber noch eine Weile beim Unterbewusstsein und schauen uns an, nach welchen Prinzipien es funktioniert. Nach und nach werden Sie die unglaubliche Macht des Unterbewusstseins erkennen; vielleicht haben Sie sogar jetzt schon eine ziemlich genaue Vorstellung davon, was Sie mit diesem unglaublichen Potenzial alles machen werden.

Aber zuerst machen wir den Test, ob Sie von Ihrem Unterbewusstsein sabotiert werden.

Gestatten Sie sich einen Tag lang sich selbst zuzuhören (das ist schwieriger, als man denkt!). Bitte zählen Sie, wie oft Sie gesagt oder gedacht haben: "Ich muss ...", "man muss ...", „ich sollte", „es ist normal, dass ...", „man erwartet von mir, dass ...", „Ich habe schon immer ...", „Es ist meine Pflicht, dass ..." oder jede andere Formulierung, die mit Zwang zu tun hat.

Hier ein paar Beispiele:

- *"Ich muss heute Abend putzen."*
- *"Ich muss zum Stammtisch."*
- *"Ich muss heute Überstunden machen."*
- *"Ich muss morgen einkaufen gehen."*
- *"Ich muss mein Auto zur Werkstatt fahren."*

Diese Aussagen hören sich ziemlich alltäglich an, nicht wahr?

Aber KEINE dieser Aussagen ist ein echtes Muss. Wir haben die Wahl. Wir wollen putzen, wir halten es für notwendig, unser Auto in die Werkstatt zu bringen, wir entscheiden mit unserem freien Willen, zum Stammtisch zu gehen. Selbst die Überstunden sind unsere Entscheidung. Wer zwingt Sie überhaupt, zur Arbeit zu gehen? Dies alles sind unsere freien Entscheidungen. Ist es nicht schön zu wissen, dass wir die freie Wahl haben?

Ein Muss würde ich nur dann gelten lassen, wenn Ihnen jemand einen Revolver an die Schläfe hält.

Jedes Mal, wenn Sie sagen *"ich muss"* obwohl Sie tatsächlich meinen *"ich möchte"*, oder *"ich entscheide mich dazu ..."* haben Sie sich selbst eine Tretmine vor die Füße geworfen.

An der Anzahl Ihrer *"ich muss"* können Sie erkennen, in welchem Maß Ihr Unterbewusstsein Sie gerade sabotiert. Wenn Sie sich dabei ertappen - halten Sie inne! Und denken oder sprechen Sie erneut, diesmal aber mit einem *"ich will"*. Ab jetzt stärken Sie, jedes Mal, wenn Sie dieses „ich will" aussprechen, die Kraft Ihres Bewusstseins. Eines der positiven Dinge, die Sie durch diese Übung noch stärker bemerken werden, ist, dass Sie sich von Tag zu Tag freier und selbstbestimmter fühlen. Sie werden vermutlich überrascht sein, wie diese kleine sprachliche Veränderung Ihr Leben verbessern wird.

ZERSTÖRERISCHE GLAUBENSSÄTZE VERHINDERN IHREN ERFOLG, SÄHEN SELBSTZWEIFEL UND BRINGEN SIE IMMER WIEDER IN MISSLICHE LAGEN

© Kurt Bouda / pixelio.de

Warum kann Ihr Unterbewusstsein Ihnen solche Schwierigkeiten bereiten? Sollte es Ihnen nicht dabei helfen, all Ihre Träume zu verwirklichen und Ihre Ziele zu erreichen? Nun, das ist genau das, was es versucht. Das Unterbewusstsein handelt zwar automatisch, aber nicht willkürlich. Es richtet sich nach klar definierten Guidelines, sogenannten Glaubenssätzen.

Der Mensch hat die Tendenz, sich selbst als Nabel der Welt anzusehen. Diese Sichtweise führt dazu, dass wir denken, wir würden die Wahrheit, und zwar die einzige Wahrheit, über die Welt "da draußen" kennen. Wir beobachten die Welt und sagen: "*Genauso, wie ich die Welt jetzt erlebe, ist sie tatsächlich. Jeder andere Mensch muss diese Welt genauso sehen wie ich. Denn mein Bild ist ein objektives und richtiges Bild.*"

Sie kennen aber bestimmt Beispiele, wo die Sichtweisen von Menschen völlig auseinandergehen. Nehmen wir an, zwei Personen stehen vor der gleichen Herausforderung. Einer von den beiden sagt: "*Schon wieder so eine nervenaufreibende Geschichte! Ich werde dieses Problem nie lösen.*" Der andere hingegen sagt: "*Großartig! Endlich eine Gelegenheit, mein Können unter Beweis zu stellen.*" Eine ganz andere Person hingegen könnte sagen: "*Welche Herausforderung? Das ist doch nichts Besonderes.*"

Genauso die Frage, ob das Glas nun halb voll oder halb leer ist: dieselbe Sache, aber zwei völlig gegensätzliche Ansichten. Auf diese Weise hat jeder Mensch seine eigene Sicht von sich selbst, seiner Umwelt und der Welt insgesamt.

Einer klagt: "*Die Welt ist ein böser Ort. Die anderen Menschen versuchen, dich übers Ohr zu hauen und sind nur auf ihren eigenen Vorteil bedacht.*" Ein anderer, der mit denselben Bedingungen konfrontiert ist, hat eine ganz andere Meinung: "*Die Welt ist ein schöner Ort. Die Menschen sind freundlich und hilfsbereit. Ich bin gerne auf dieser Welt!*"

Ich möchte nicht, dass Sie jetzt zu schnell dazu übergehen zu überlegen, welche Beispiele Ihnen in Ihrem Bekanntenkreis, Ihrer Familie und natürlich bei Ihnen selbst einfallen. Es ist eigentlich immer dasselbe: ähnliche oder gleiche Situationen, aber völlig andere Interpretationen. Es ist ein großer Irrtum zu glauben, dass es eine objektive Sicht auf die Welt gäbe, die für alle gültig sei. Wir denken, dass wir die Welt so sehen, wie sie ist. In Wirklichkeit sehen wir die Welt so, wie wir selbst sind.

Wir sehen die Welt durch eine Brille. Diese Brille kann rosa sein, sie kann dunkel sein, oder irgendetwas dazwischen. Wir können die Brille nicht abnehmen. Aber wir können die Gläser dieser Brille tauschen.

Diese Brille hat viel mit dem Netzwerk des Unterbewusstseins zu tun. Die unglaublich vielfältigen Eindrücke der Welt strömen auf uns ein und werden von unserem Unterbewusstsein verarbeitet. Das Ergebnis dieser Arbeit bestimmt unser Denken, unser Handeln und natürlich auch unsere Sicht auf die Welt. Vielleicht nehmen Sie ab jetzt häufiger wahr, wie Ihre Brille Ihre Weltsicht beeinflusst und erkennen, wie sehr dies Ihre Entscheidungen beeinflusst.

Das Unterbewusstsein möchte uns das Leben erleichtern. Deshalb baut es Glaubenssätze auf. Sie ermöglichen uns, schnell zu reagieren. Wir müssen nicht jedes Mal von Neuem dieselbe Situation bewerten.

Haben Sie jemals auf eine heiße Herdplatte gefasst? Dann tragen sie jetzt vermutlich diesen starken Glaubenssatz in sich: *"Wenn ich auf eine heiße Herdplatte fasse, tue ich mir schrecklich weh und verletze meine Hand."* Dieser Glaubenssatz ist vorteilhaft. Durch Ihre Brille sehen Sie die drohende Gefahr und können sich somit ein paar schmerzhafte Brandblasen ersparen.

Doch was, wenn Sie irgendwann in Ihrer Schulzeit einen Vortrag völlig vergeigt haben und zum Spott Ihrer Mitschüler wurden? Vielleicht haben Sie dann in Ihrem Netzwerk die Erfahrung "Referat oder Vortrag halten" verknüpft mit den Erfahrungen von Spott, Enttäuschung, Demütigung und Selbstzweifel.

Dann hat sich in Ihrem Netzwerk vielleicht der Glaubenssatz aufgebaut: *"Wenn ich vor vielen Menschen rede, werde ich verspottet und gedemütigt. Um das zu vermeiden, muss ich Vorträge vermeiden."*

Das Schwierige daran ist, dass Ihnen dieser Zusammenhang meistens nicht bewusst ist. Sie merken nur, dass bereits der Gedanke, einen Vortrag zu halten, in Ihnen einen Schwall an negativen Gefühlen auslöst und Ihnen regelrecht den Hals zuschnürt.

Viele Glaubenssätze sind hilfreich. Aber ist dieser hilfreich? Ganz und gar nicht. Er verhindert lediglich ihre freie Entfaltung und kann den Stillstand Ihrer Karriere bedeuten!

Wir dürfen unsere Glaubenssätze aber nicht verteufeln: Erst sie ermöglichen unser Leben. Gleichzeitig können sie uns aber auch sehr belasten. Dies ist insbesondere dann der Fall, wenn etwas Schönes oder zumindest Neutrales (einen Vortrag halten) mit etwas Negativem (Spott, Demütigung, Schmerz) verknüpft ist.

Die Psychologie hat hierzu in den zwanziger Jahren des letzten Jahrhunderts ein sehr interessantes Experiment durchgeführt: das Little-Albert-Experiment.

Im nächsten Kapitel erfahren Sie mehr darüber. Aber machen Sie sich auf ein moralisch sehr fragwürdiges Experiment gefasst!

DIE SCHATZINSEL-METHODE

VERSUCHE MIT EINEM KLEINKIND BEWEISEN, DASS ANGST QUASI PER KNOPFDRUCK BEIM MENSCHEN ERZEUGT WERDEN KANN

© sabrina gonstalla / pixelio.de

Computer werden programmiert. Sie sind dann vorhersehbar und auf einen bestimmten Input folgt ein klar festgelegter Output. Der Computer kann sich dagegen nicht wehren. Menschen können auch programmiert werden. Auf einen bestimmten Reiz folgt eine bestimmte Reaktion. Solange sich dieses Programm in Ihrem Unterbewusstsein festkrallt, haben Sie keine Chance gegen die Reaktion anzukämpfen.

Sie erfahren hier, wie solche schädlichen Programme in unser Unterbewusstsein gelangen. Im Little-Albert-Experiment wurde genau dies getan.

Die Voraussetzungen für das Experiment wurden in Russland gelegt: Iwan Petrowitsch Pawlow war ein russischer Mediziner. Viele Leute denken sofort an den berühmten „Pawlowschen Hund", wenn sie seinen Namen hören. Die Experimente mit Hunden waren zwar nicht das Einzige, was dieser Forscher durchführte. Sie begründen jedoch seinen Weltruhm und die Tatsache, dass heute nahezu jeder seinen Namen zumindest schon einmal gehört hat.

Was hat es mit dem Pawlowschen Hund auf sich? Als Mediziner hatte Pawlow ein großes Interesse an Anatomie. Hunde dienten ihm als Forschungsobjekte. Eines Tages machte er eine erstaunliche Entdeckung: Er befand sich gerade im Zwinger bei den Hunden, als Bedienstete sich dem Gebäude näherten. Mit einem prall gefüllten Futternapf in den Händen. Obwohl für die Hunde noch kein Futter zu sehen war, begann sofort, Speichel in ihren Mäulern zu fließen.

Pawlow beobachtete diese Szene mehrere Tage lang und stellte fest, dass der Ablauf immer der gleiche war: Die Hunde entwickelten Speichelfluss, obwohl noch kein Essen in Reichweite war. Pawlow vermutete, dass das Geräusch der Schritte des Bediensteten, auf das regelmäßig die Fütterung folgte, für die Hunde mit dem Futter irgendwie verknüpft sein musste. Somit würde eine Reaktion ausgelöst, die der Hund instinktiv normalerweise erst bei dem Anblick des Futters zeigen sollte.

DIE SCHATZINSEL-METHODE

Pawlow beschloss, diesem Phänomen mit einem Versuch auf den Grund zu gehen. Er zeigte seinen Hunden einen Napf mit Futter. Dies verursachte eine natürliche Reaktion des Hundes: den Speichelfluss. Das einfache Läuten einer Glocke hingegen führte zu keiner Reaktion bei den Hunden. Nun gab Pawlow seinen Hunden Futter und läutete zeitgleich die Glocke. Durch den Anblick des Futters wurde der Speichelfluss angeregt. Dies wiederholte Pawlow mehrere Male.

Schließlich reichte das Läuten der Glocke allein, ohne Futter, um den Speichelfluss auszulösen. Das Läuten hatte sich also für den Hund mit der Fütterung eng verknüpft. Es führte zu Reaktionen, die der Hund sonst nur bei der Fütterung zeigte. Pawlow nannte dies: „Konditionierung". Doch war es zulässig, die Schlussfolgerungen aus einem Experiment mit Hunden auf den Menschen zu übertragen?

Um diese Frage zu klären, führte ein Forscher namens John Watson an der Hopkins-Universität in Baltimore in den USA 1920 einen weiteren Versuch durch: Er ging als Little-Albert-Experiment in die Geschichte ein. Der Versuch sollte zeigen, dass auch Menschen konditionierbar sind; insbesondere, dass Menschen Angstreaktionen erlernen können.

Sein Versuchsobjekt war kein Hund, sondern der neun Monate alte Albert. Heute würde niemand mehr einen solchen Versuch zulassen. Zu damaligen Zeiten jedoch hatten die Menschen in dieser Beziehung weniger Skrupel.

Zunächst untersuchte Watson die Gefühlsreaktionen von Albert. Er zeigte ihm verschiedene Dinge: eine weiße Ratte, einen Hund, ein Kaninchen, einen Affen, Baumwolle, brennende Zeitungen und anderes. Albert sah diese Dinge zum ersten Mal in seinem Leben. Deshalb hatte er zu ihnen noch keine Verknüpfungen im Netzwerk seines Unterbewusstseins. Er konnte also zum Beispiel die Gefahr der brennenden Zeitung nicht erkennen. Er stand allen gezeigten Dingen neutral gegenüber. Er griff neugierig nach ihnen.

Schließlich schlug Watson mit einem Hammer auf eine Eisenstange, was einen ohrenbetäubenden Lärm verursachte. Dieser Lärm wurde von Albert instinktiv als Gefahr angesehen und das Kleinkind zeigte eine deutliche Furcht.

Nach dieser Vorbereitungsphase präsentierte Watson dem Jungen nun erneut die weiße Ratte. Im selben Moment allerdings schlug er mit dem Hammer auf die Eisenstange. Albert berührte ängstlich und mit einem leisen Wimmern die Ratte. Watson zeigte ihm einige Zeit später erneut die Ratte und schlug mit dem Hammer auf das Eisen. Nach einer weiteren Wiederholung weigerte sich Albert bereits, die Ratte anzufassen.

Nach weiteren fünf Wiederholungen zeigte Albert schon beim Anblick der Ratte massive Angstreaktionen. Watson wiederholte den Vorgang noch einige Male. Albert begann nun auch bei anderen Dingen, die der Ratte ähnlich waren, Angstreaktionen zu zeigen: Er fürchtete sich vor allem, was nach Fell aussah, also vor Baumwolle, vor dem Kaninchen, vor dem Fell eines Hundes und sogar vor weißen Bärten.

Die Konditionierung hatte auch bei einem Menschen funktioniert. Sie sehen sicher sofort den Zusammenhang zu unserem Beispiel. Zunächst ist das Halten von Vorträgen für den Menschen ein ganz neutrales Ereignis. Er hat noch keine Verknüpfungen dazu in seinem Unterbewusstsein.

Die ersten Verknüpfungen entstehen dann, wenn er bei seinen Vorbildern, zum Beispiel den Eltern, sieht, wie unangenehm ihnen das Reden vor einer Gruppe ist: der erste Hammerschlag auf die Eisenstange. Später befindet er sich selbst in der Situation, einen Vortrag in der Schule halten zu müssen. Erlebt er dieses Ereignis als unangenehm und fühlt er sich hilflos, entspricht dies einem gewaltigen Hammerschlag. Je mehr Hammerschläge sich im Laufe des Lebens ansammeln, desto angstbesetzter und gefürchteter wird die Vorstellung, einen Vortrag zu halten.

Wie Little Albert beginnt der Mensch dann nach und nach auch andere Situationen, die einem Vortrag ähnlich sind, zu fürchten, und mit unangenehmen Eindrücken zu verknüpfen. Er beginnt vielleicht damit, sich in größeren Menschenansammlungen wie in Bussen oder auf Festen unwohl zu fühlen. Vielleicht entwickelt er ein beklemmendes Gefühl, wenn er in einer Besprechung um seine Meinung gebeten wird. Oder er entwickelt sogar das unterschwellige Gefühl, von anderen Menschen angestarrt und ausgelacht zu werden.

Dies alles geschieht durch Konditionierung. Es ist hilfreich, wenn wir so konditioniert sind, dass wir eine brennende Zeitung nicht berühren und anderem Feuer ebenfalls nicht zu nah kommen. Aber Konditionierung kann ein großes Problem werden, wie in unserem Beispiel mit dem Vortrag.

Wenn wir uns jedoch vor Augen geführt haben, dass der Auslöser an sich gar nicht böse oder gefährlich ist, sondern dass wir auf den Hammerschlag reagieren, fällt es uns von Tag zu Tag leichter, die ungewollte Konditionierung zu überwinden.

Vielleicht haben Sie noch nicht auf bewusster Ebene damit begonnen, die diversen „Hammerschläge", die Sie möglicherweise hemmen, wahrzunehmen, während Ihr Unterbewusstsein bereits jetzt schon dabei ist, diese Konditionierungen in Ihr Bewusstsein zu senden. Lassen Sie es zu, dass Ihr Unterbewusstsein, das immer nur das Beste für Sie möchte, Ihnen diese Informationen in Form von Bildern, Erinnerungsfetzen oder Träumen zuspielt. Es ist nicht notwendig, auf diese Informationen zu warten: Ihr Unterbewusstsein wird Ihnen die notwendigen Impulse genau zur richtigen Zeit zur Verfügung stellen.

GLÜCK - ERFOLG - SELBSTSICHERHEIT

GUTGEMEINTE „WEISHEITEN" IHRER MITMENSCHEN BRINGEN SIE MANCHMAL GANZ UNBEMERKT VOM „RECHTEN WEG" AB

© Katharina Wieland Müller / pixelio.de

DIE SCHATZINSEL-METHODE

Manche Menschen geben alles. Trotzdem bleiben Sie mehr oder weniger auf der Stelle stehen. Sie entwickeln sich einfach nicht so weiter, wie sie es wünschen oder wie es ihren Fähigkeiten entspricht. Sie haben das Gefühl, als ob Sie einen Sack mit schweren Schneeketten hinter sich herziehen müssten.

Sind Sie vielleicht gerade in einer solchen Situation? Es wäre unklug, den Sack mit den schweren Schneeketten störrisch hinter sich her zu schleifen. Besser ist es, anzuhalten und den unnötigen Ballast abzuwerfen. Bei diesem unnötigen Ballast, den Sie hinter sich herziehen, kann es sich um Glaubenssätze handeln, die außergewöhnlich stark sind: nämlich, weil sie uns von unseren Vorbildern eingepflanzt wurden.

Die Worte und Taten unserer Vorbilder, insbesondere unserer Eltern, legen einen großen Teil unserer Glaubenssätze fest: Viele davon sind hilfreich, andere schädlich. Wenn wir unsere Glaubenssätze bewerten, ist genau diese Unterscheidung wichtig: hilfreich oder störend? Es geht hier nicht um Wahrheit.

Denn es gibt nicht „die eine Wahrheit". Das Heimtückische an Glaubenssätzen ist aber gerade, dass unser Unterbewusstsein uns weismachen will: "*Das hier ist die Wahrheit. Sie war immer gültig und wird immer gültig sein.*"

Schauen wir uns einige Glaubenssätze an, die oftmals von den Worten und vom Verhalten von Vorbildern, insbesondere der Eltern, übernommen worden sind:

- „Ohne Fleiß kein Preis."
- „Schuster, bleib bei deinen Leisten."
- „Wenn du den Teller nicht leer isst, gibt es schlechtes Wetter."
- „Menschen, die viel Geld haben, haben auf irgendeine Weise Dreck am Stecken."

- *„Ich war nie gut in Mathe. Das liegt in der Familie."*

Vielleicht denken einige Menschen: "*Das sind keine Glaubenssätze, das ist die Wahrheit! So ist das Leben nun mal.*"

Möglicherweise haben Sie bereits begonnen zu verinnerlichen, dass es nicht um Wahrheit geht. Es geht um hilfreich oder nicht hilfreich. Wenn Sie aus einfachen Verhältnissen kommen und Karriere machen wollen: Wie wirkt es sich wohl auf Ihren Plan aus, wenn Sie der Meinung sind, dass reiche Menschen Dreck am Stecken haben? Wie wirkt es sich auf Ihre Karrierechancen aus, wenn Sie verinnerlicht haben, dass der Schuster lieber bei seinen Leisten bleiben soll?

Unser Unterbewusstsein beherbergt eine Menge negativer Glaubenssätze. Wenn wir uns genau beobachten, können wir diese Glaubenssätze erkennen. Das Erkennen ist bereits der erste Schritt, den Sack mit Schneeketten links liegen zu lassen.

In den nächsten Tagen, Wochen oder Monaten werden Sie vielleicht immer deutlicher erkennen, welche Glaubenssätze in Ihrem Unterbewusstsein verankert sind. Bei all dem, was Sie vorfinden, können Sie ganz beruhigt sein und sich immer darauf verlassen, dass Ihr Unterbewusstsein immer nur Ihr Bestes im Sinn hat. Lassen Sie sich überraschen, woran Sie erkennen werden, welche dieser Glaubenssätze hilfreich und welche eher nicht hilfreich sind. Im nächsten Kapitel sprechen wir über die weniger hilfreichen.

DIE SCHATZINSEL-METHODE

ACHTUNG: VIELLEICHT HABEN SICH EINIGE GLAUBENSSÄTZE ZUSAMMENGEROTTET UND SCHAUFELN IN DIESEM MOMENT IHR GRAB!

© Peter Smola / pixelio.de

Stellen Sie sich vor, wie Sie an einem wunderschönen, sonnigen Sommertag auf Ihrem Balkon oder Ihrer Terrasse sitzen, sich zurücklehnen, entspannen, einen leckeren Kuchen essen, und den ruhigen Tag genießen. Plötzlich wird Ihre Ruhe durch eine Wespe zerstört, die gefährlich nahe vor Ihrem Gesicht umherschwirrt. Sie schlagen nach Ihr, Sie springen auf, Sie fluchen – vorbei ist die Ruhe.

Genauso ist es mit schädlichen Glaubenssätzen. Sie stören uns und - obwohl wir sie nicht leiden können - ziehen unsere ganze Aufmerksamkeit auf sich.

Stellen Sie sich nun dieses Horrorszenario vor: Sie werden nicht von nur einer einzigen Wespe heimgesucht, sondern von einer ganzen Schar! Sie würden nicht nur in Ihrer Ruhe gestört werden, sondern Sie würden entsetzt davonrennen. Und zwar völlig zurecht, weil Wespenstiche (vor allen Dingen, wenn es viele sind) ziemlich gefährlich sein können.

Genauso verheerend sind Glaubenssätze, die nicht alleine, sondern gleichzeitig auftreten. Oftmals hat man dann das Gefühl, nur noch wegrennen zu können. Sie erfahren jetzt, wie es dazu kommt, dass sich einzelne Glaubenssätze zu gefährlichen Schwärmen zusammenrotten.

Lassen Sie uns ein Beispiel anschauen.

Nehmen wir an, Sie haben Panik davor, Vorträge zu halten. Sie haben bereits in der Schule oder im Beruf einige davon gehörig in den Sand gesetzt. Dann sind Sie möglicherweise mit diesem Glaubenssatz infiziert: *„Ich kann keine Vorträge halten. Ich mache mich lächerlich und mein Selbstwertgefühl leidet. Ich muss Vorträge vermeiden!"*

Vielleicht haben Sie in einer ganz anderen Situation einmal ein unüberlegtes Wort geäußert und wurden dafür von einem Lehrer, Ihrem Chef oder von irgendeiner anderen Autoritätsperson zusammengestaucht. Ähnliche Situationen sind Ihnen vielleicht auch schon früher und auch später noch passiert, sodass sich hieraus langsam der Glaubenssatz entwickelte: *"Wenn ich spontan und frei rede, gerate ich in Gefahr, Ärger zu kriegen."*

Beide Glaubenssätze, also der Vortrags-Glaubenssatz und der Frei-Reden-Glaubenssatz, haben mit "sprechen" zu tun. Es besteht daher die Wahrscheinlichkeit, dass sich diese beiden schädlichen Glaubenssätze verbinden und verbünden.

Vielleicht waren Sie in Ihrer Schulzeit nicht besonders gut in Deutsch, Sie sind mit dem Fach einfach nicht warm geworden. Sie haben ein paar schlechte Noten eingefahren. Auch hier können sich Verbindungen der Glaubenssätze ergeben: *"Ich war ja noch nie gut in Deutsch, wie sollte ich da einen anständigen Vortrag hinkriegen."* Wenn dann noch Ihre Mutter oder Ihr Vater Folgendes zu ihnen sagt, wird der Glaubenssatz noch mächtiger: *"Ich konnte auch nie vor vielen Menschen reden. Das liegt in der Familie. Aber mach dir nichts draus, wir sind eben keine Leute, die große Reden schwingen, sondern wir packen lieber an."*

Glaubenssätze, die sich verbinden, bestätigen und verstärken sich gegenseitig: Sie haben einen Vortrag in den Sand gesetzt. Klar, das liegt in der Familie. Schon in der Schule waren Sie schlecht in Deutsch. Auch im alltäglichen Gespräch mit Ihren Mitmenschen kommen Sie auf keinen grünen Zweig. Alles passt zusammen.

Aus solchen sich gegenseitig verstärkenden Glaubenssätzen können schier unüberwindliche Problemsysteme entstehen. Am Anfang haben wir nur einen einfachen negativen Glaubenssatz. Ist dieser Glaubenssatz stark genug, kommt es zu einem Phänomen, was wir eine sich selbst erfüllende Prophezeiung nennen können.

Haben Sie schon einmal von diesem Phänomen gehört? Nehmen wir an, unsere Beispiel-Person muss beruflich bedingt einen Vortrag halten. Sein Unterbewusstsein signalisiert ihm: *"Achtung, ein Vortrag, das bringt negative Gefühle, das bringt Spott und Demütigung."* Auf diese Gefahr hin reagiert sein Körper, als stünde ein Angriff kurz bevor: Der Puls wird beschleunigt, der Körper spannt sich an, die Atmung wird flach und das Blut fließt in die Muskeln.

Leider kann der Körper in diesem Alarmzustand Folgendes nicht mehr tun: klar denken, locker und souverän sprechen und andere durch Offenheit und Natürlichkeit überzeugen. Die Folge: Der Vortrag wird ein Flop. Jetzt passiert's: Die Erfahrung des Flops verbindet sich mit dem Glaubenssatz. Die Erfahrung bestätigt ihn schließlich! Der Glaubenssatz wird dadurch noch stärker.

Beim nächsten Mal, wenn unser armer Kerl einen Vortrag halten muss, hat dieser Glaubenssatz noch mehr Macht. Die Wahrscheinlichkeit ist hoch, dass auch der nächste Vortrag misslingt und der Glaubenssatz bestätigt wird.

Manchmal tun wir dann, ohne es zu ahnen, etwas sehr Schädliches. Wir sprechen über genau diesen Glaubenssatz mit anderen Menschen und rechtfertigen ihn. Wir beginnen, eine Geschichte zu entwerfen, die das eigene Verhalten erklärt.

Nachdem unser armer Kerl bei seinem Vortrag eine Blamage eingesteckt hat, spricht er vielleicht mit einem vertrauten Kollegen: *"Vorträge sind echt nicht meine Sache. Ich war noch nie gut darin. Ich bin kein großer Redner, ich bin eher ein Macher. Meiner ganzen Familie geht es so."*

Jedes Mal, wenn er diese Geschichte erzählt oder selbst wenn er sie nur denkt, hat er dem negativen Glaubenssatz in seinem Unterbewusstsein Futter gegeben.

Auf diese Weise entsteht ein Teufelskreis. Derjenige, der in diesem Teufelskreis gefangen ist, sieht in der Regel keinen Ausweg. Er erkennt noch nicht einmal den Teufelskreis.

Vielleicht haben Sie schon früher oder vielleicht auch genau in diesem Augenblick erkannt, dass Sie selbst die eine oder andere "Geschichte" zu Ihrem Problemsystem entworfen haben. Damit zementieren Sie den ungewollten Zustand. Aber das ist kein Grund zum Verzagen. Wir alle haben unsere Geschichten, in denen wir unsere Wünsche, Vorstellungen aber auch Entschuldigungen und Rechtfertigungen verarbeiten. Sie wissen, dass Sie auf die eine oder an-

DIE SCHATZINSEL-METHODE

dere Weise die Fähigkeit besitzen, diese Geschichten so umzuschreiben, dass sie dem Bild entsprechen, dass Sie - tief in Ihrem inneren - von sich haben: Ein Bild, für das es sich lohnt, Ihre Geschichte neu zu erfinden.

Zunächst sollten wir die ungewollten Glaubenssätze auf den Mond schießen. Wir haben es hier mit in sich stabilen Systemen zu tun. Sie befindet sich in einer ausbalancierten Lage, im Gleichgewicht. Um diese Systeme zu kippen, hilft nur eins: ein kräftiger Tritt von außen gegen das System.

Das Unterbewusstsein ist von einer Vielzahl solcher Glaubenssatz-Konstruktionen bevölkert. Sie sind der Grund, weshalb Menschen manchmal erschreckend irrational handeln. Es ist nicht übertrieben zu sagen, dass das Denken und Handeln zu einem sehr großen Teil von diesen unterbewussten Kräften gesteuert wird. Meistens sind diese Glaubenssätze nicht so offensichtlich, dass wir mit einigem Nachdenken dahinter kommen könnten.

Manchmal reagieren Menschen sehr emotional, aufbrausend oder unangemessen auf ganz einfache Wörter oder Eindrücke. So können ein bestimmter Tisch, bestimmte Worte, Kleidungsstücke oder Gerüche einen Glaubenssatz aktivieren. Der Mensch reagiert dann irrational, ängstlich und übertrieben. Er kann vielleicht sogar schon vorher sagen, dass er so reagieren wird. Trotzdem hat er in der Situation kaum mehr eine Möglichkeit, seine Reaktion zu verändern.

Vielleicht erlauben Sie sich einmal bewusst darüber nachzudenken, inwieweit das eben Gesagte möglicherweise auf Sie zugrifft und beginnen damit, diese negativen Glaubenssätze in positive zu verwandeln. Es ist interessant zu erleben, wie unser Unterbewusstsein – ganz ohne unser Zutun – bereits Lösungen für Probleme entwickelt hat und uns diese genau im richtigen Moment zukommen lässt. Entspannen Sie sich und lassen Sie Ihr Unterbewusstsein für sich arbeiten. Achten Sie in den nächsten Tagen genau auf Ihre Gedanken, Träume oder inneren Bilder. Es werden einige dabei sein, die auf eine gewisse Art und Weise anders, untypisch sind. Das sind die Botschaften Ihres Unterbewusstseins.

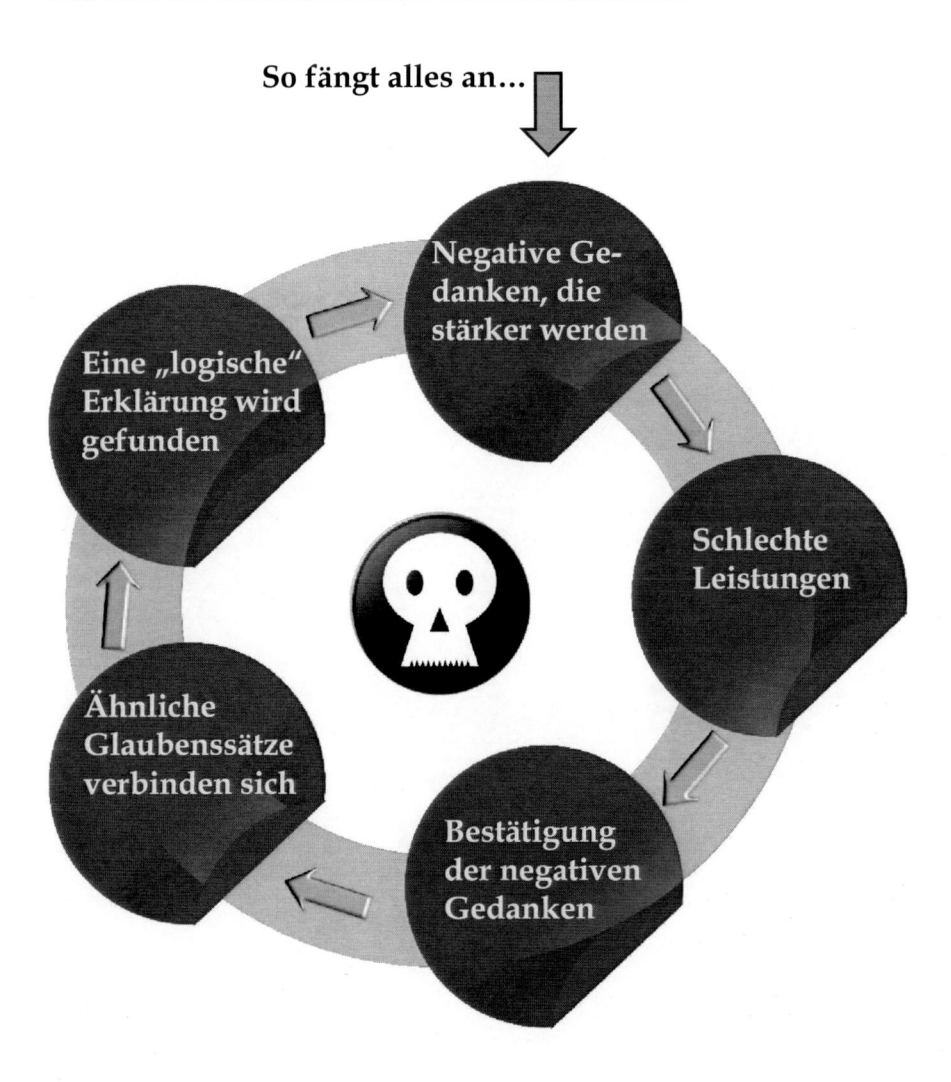

So fängt alles an...

- Negative Gedanken, die stärker werden
- Schlechte Leistungen
- Bestätigung der negativen Gedanken
- Ähnliche Glaubenssätze verbinden sich
- Eine „logische" Erklärung wird gefunden

DER UNSICHTBARE VERFOLGER

© Martin Schemm / pixelio.de

GLÜCK - ERFOLG - SELBSTSICHERHEIT

Ein Mann mittleren Alters geht eine einsame Straße entlang. Er spürt bohrende Blicke in seinem Nacken - jemand scheint ihn zu verfolgen. Er verlangsamt seinen Gang und wendet seinen Blick nach hinten. Niemand zu sehen. Er geht weiter. Da ist wieder dieses Gefühl. Er bleibt stehen. Schaut sich um - nichts.

Es wird ihm unheimlich. Er geht vorsichtig weiter. Wie aus dem Nichts spürt er plötzlich zwei kräftige, eiskalte Hände an seinem Nacken. Er erstarrt vor Angst, während das Adrenalin in seine Adern schießt. Er will sich verteidigen, doch schon haben ihn die kräftigen Hände am Hals gepackt und mit Gewalt auf den Boden geschmettert.

Er wehrt sich, schlägt mit Armen und Beinen um sich - doch vergeblich: Der Angreifer hat sich mit seinem Gewicht auf ihn gestemmt. Würgt ihn unentwegt. Der Mann versucht den Angreifer zu erkennen. Er nimmt einen Schatten wahr. Gleich haben sich seine Augen auf das Gesicht des Angreifers fokussiert - da ist der Angreifer plötzlich wie vom Erdboden verschwunden. Der Mann rafft sich auf, nach Luft schnappend, und blickt sich um. Weit und breit ist dort: nichts.

Finden Sie diese Geschichte nicht auch furchterregend? Tatsache ist, dass nicht wenige Menschen von einem Phänomen heimgesucht werden, dass ihnen genauso brutal die Luft abdrücken kann, wie der unbekannte Verfolger aus meiner kleinen Geschichte.

Ich möchte Ihnen erklären, wer dieser Verfolger ist. Kommen wir hierzu noch einmal auf Reizwörter zurück, die den Menschen zu einer übertriebenen Reaktion bewegen. Sind diese Reaktionen sehr stark und wird der Mensch von seinem Glaubenssatz-Konstrukt überwältigt, sprechen wir von einem Komplex.

Diese Komplexe nehmen eine sehr dominante Stellung im Unterbewusstsein ein. Oftmals haben sie sich so verzweigt, dass sie nicht nur bei einer bestimmten Art von Input reagieren. Vielmehr nehmen Sie dann jede Information begierig auf, färben sie ein und senden diese negativ belasteten Informationen an das Bewusstsein.

Sie erinnern sich sicher noch an die Skizze mit den beiden Kreisen, die für Bewusstsein (kleiner Kreis) und Unterbewusstsein (großer Kreis) steht.

Stellen Sie sich nun vor, um den Bewusstseins-Kreis herum würde sich ein weiterer Kreis befinden. Er trennt also den Unterbewusstseins-Kreis vom Bewusstseins-Kreis: Das ist ein Komplex. Alle Informationen, die in das Bewusstsein dringen, müssten durch diesen Komplex gelangen. Dies macht Komplexe so stark: Sie können zwar um den Hund, der Ihnen Angst einjagt, einen großen Bogen machen, aber an einem Komplex führt zunächst kein Weg vorbei.

Starke Komplexe umlagern das Bewusstsein vollständig. Das heißt: Alles, was eine Person in ihrem Leben erlebt, sieht oder erfährt, wird von einem solchen Komplex eingefärbt. Einer der bekanntesten Komplexe ist der Minderwertigkeitskomplex. Wenn er stark genug ist, sieht der Mensch überall in der Welt Beweise dafür, wie schlecht, wertlos und ungeliebt er ist. Auf diese Weise können Komplexe das ganze Leben eines Menschen radikal verändern. Der Mensch selbst bemerkt nicht einmal, dass hier ein Virus in seinem Netzwerk tätig ist. Er hält alles, was sein Komplex ihm vorgaukelt, für die absolute Wahrheit.

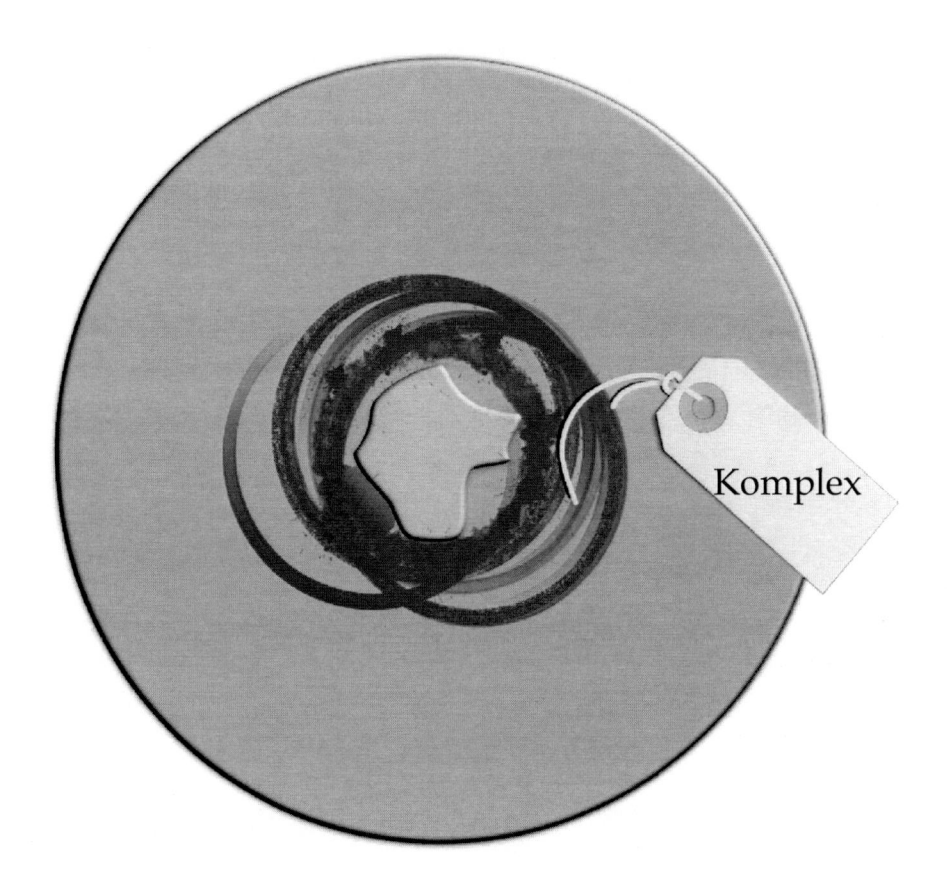

Fragen wir die Person dann, warum sie bestimmte Dinge tut oder nicht tut, setzt ein Erklärungs-Mechanismus ein. Das Bewusstsein kann es nicht leiden, wenn es keine Antworten hat. Es kommt daher zum Rationalisieren, bei dem das Unterbewusstsein bereitwillig mitspielt. Auf diese Weise werden haufenweise fadenscheinige Argumente gefunden, die das irrationale Verhalten erklären und rechtfertigen.

- *"Wieso hältst Du nicht den Vortrag bei der Tagung? Die wichtigsten Führungskräfte deiner Firma sind dabei. Du könntest auf dich aufmerksam machen und endlich befördert werden."*

DIE SCHATZINSEL-METHODE

- *"Ach, das wird überbewertet. Beim letzten Mal haben viele Leute Vorträge gehalten. Die sind bis heute nicht befördert worden. Außerdem lassen sich unsere Chefs nicht durch Worte beeindrucken. Sie wollen lieber Taten sehen. Deshalb verschwende ich meine Energien nicht auf Vorträge, sondern liefere im Alltag hervorragende Arbeit ab."*

Komplexe nehmen eine ungeheure Energie in Anspruch. Wenn der Komplex so groß ist, dass er sich komplett um das Bewusstsein einer Person geschlossen hat, können wir mit Recht sagen: Diese Person wird von Ihrem Komplex gewürgt.

Manchmal ist der Komplex jedoch eher in den Tiefen des Unterbewusstseins angesiedelt. Er reagiert dann auf einen bestimmten Reiz. Dieser Reiz führt dazu, dass der Komplex eine ungeheure Energie zusammenzieht, die sich in eine bestimmte Richtung entladen muss. Diese Energie fließt dann ins Bewusstsein und überfordert die Personen völlig. Sie ist dann nicht mehr Herr ihrer Lage: Die Fäuste des Komplexes haben sie im Würgegriff.

Die Person hat dann beispielsweise einen Wutanfall, in dem sich die angestaute Energie nach außen entlädt. Ist die Energie erst einmal entladen, verschwindet der Komplex wieder in seinen verborgenen Zustand. Die Person ist dann oftmals ratlos und fragt sich, warum sie gerade die Kontrolle verloren hat.

Komplexe engen unser Bewusstsein ein, manchmal würgen sie uns sogar regelrecht. Jedes Mal, wenn ein Komplex seine Energie ungebremst entlädt und die Kontrolle über das Ich übernimmt, wird er ein bisschen stärker. Unser Bewusstsein jedoch wird schwächer. Damit verkleinert sich unsere Handlungsfähigkeit.

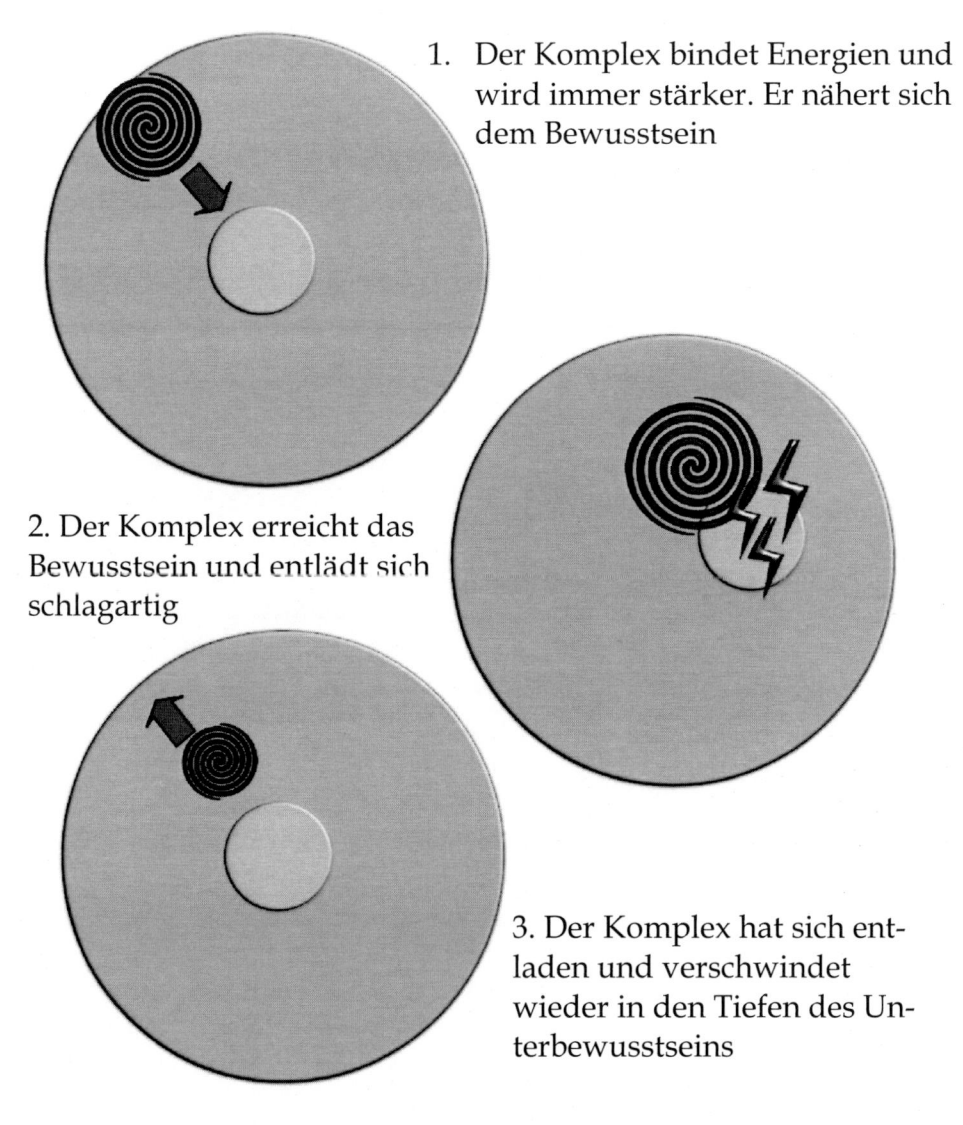

1. Der Komplex bindet Energien und wird immer stärker. Er nähert sich dem Bewusstsein

2. Der Komplex erreicht das Bewusstsein und entlädt sich schlagartig

3. Der Komplex hat sich entladen und verschwindet wieder in den Tiefen des Unterbewusstseins

Wir müssen alles daransetzen, störende Komplexe auszutrocknen. Wir dürfen sie nicht sich selbst überlassen und hoffen, dass sich das Problem irgendwie automatisch löst. Wir können Komplexe auf zwei Arten bekämpfen. Zum einen können wir kräftige gegenläufige Netzwerkverbindungen erschaffen. Das geht beispielsweise mit Affirmationen. Sie erhalten später eine Schritt-für-Schritt-Anleitung.

Die andere Möglichkeit besteht darin, das eigene Bewusstsein konsequent auszuweiten und stark zu halten. Dies können wir beispielsweise erreichen, indem wir Entscheidungen treffen und diese dann - auch gegen Widerstände aus unserem Unterbewusstsein - durchsetzen. Dies erfordert eine Menge Disziplin.

Ich frage mich, ob Sie während der letzten paar Minuten vielleicht bemerkt haben, dass es möglicherweise auch in Ihrem Unterbewusstsein ein paar Strukturen gibt, die Sie nicht wünschen, bzw. deutlicher gesagt: die Sie zum Teufel jagen wollen. Einigen Menschen erscheint es unmöglich, ihr Unterbewusstsein zu verändern. Eines weiß ich aber genau: Unser Unterbewusstsein ist auf unserer Seite. Wenn wir ihm die Chance geben, uns zu helfen, uns stärker zu machen, dann wird es rund um die Uhr mit voller Kraft genau für dieses Ziel arbeiten.

Die Informationen aus diesem Buch fließen - so wie alles, was Sie erleben - direkt in Ihr Unterbewusstsein. Doch diese Informationen sind anders als die kunterbunte Melange an Empfindungen, die im Alltag in Ihr Unterbewusstsein strömt. Diese Informationen hier habe eine starke Wirkung auf Ihr Unterbewusstsein. Intuitiv wissen Sie, dass Ihnen alle Möglichkeiten offen stehen und bald werden Sie wichtige Veränderungen in Gang bringen. Von Tag zu Tag werden Ihre negativen, ungewollten Gedankenkonstrukte schwächer werden. Dieser Prozess geschieht zunächst fast unbemerkt; ab einem gewissen Punkt jedoch wird es entweder Ihnen oder Ihrem Umfeld deutlich auffallen, welche positive Energie Sie umgibt.

Manche Komplexe sind jedoch so stark geworden, dass wir sie aus eigener Kraft kaum mehr besiegen können. In diesem Fall dürfen wir nicht zögern, Hilfe von außen in Anspruch zu nehmen. Ein Coach, Psychiater oder Psychotherapeut ist der richtige Ansprechpartner.

Es kann sein, dass Sie schon seit einiger Zeit erkannt haben, dass ein solcher schwerer Komplex Sie regelmäßig heimsucht und dass Sie bereits die notwendige Willenskraft aufgebaut haben, um ihn zu überwinden. Vielleicht sind Sie auch gerade durch die Erläuterungen aus diesem Buch etwas verwirrt oder betroffen und können genau deshalb genau die Ressourcen freisetzen, die Sie zur Überwindung der Herausforderung benötigen.

Auf jeden Fall - selbst bei einem wirklich schweren Komplex - werden die Informationen aus diesem Buch dazu beitragen, dass Sie sich gestärkt und zuversichtlich auf Ihre positive Weiterentwicklung einlassen können.

SIND SIE DARÜBER INFORMIERT, WELCHE DINGE GEDANKEN MIT UNS MACHEN KÖNNEN?

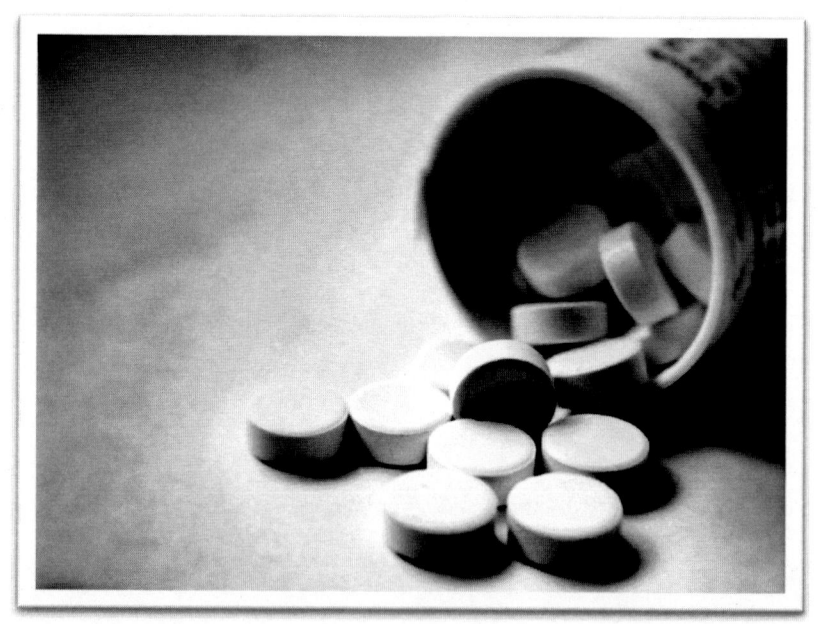

© Katharina Bregulla / pixelio.de

Unser Unterbewusstsein ist mächtig. Es kann uns vernichten oder erheben. Was liegt näher, als es gezielt für unsere Zwecke zu nutzen? Gedanken sind die Sprache, mit der wir mit unserem Unterbewusstsein kommunizieren. Einfache Gedanken machen deshalb den Unterschied zwischen Glück und Unglück.

Auf den nächsten Seiten erfahren Sie von mir ein paar Augen öffnende Beispiele. Sie werden von medizinischen Testreihen erfahren, über die der ein oder andere Pharmakonzern sicher nicht gerne spricht. Sie werden Ihnen jeden Zweifel an der Macht Ihrer Gedanken nehmen.

Lassen Sie sich einfach auf diese kleine Extra-Tour ein. Oftmals sind es gerade die Dinge, denen man anfangs mit Skepsis begegnet, die sich dann als die Wirkungsvollsten erweisen.

Vielleicht haben Sie schon einmal von Placebos gehört. Placebos sind Schein-Medikamente. Sie sehen aus wie echte Medikamente, beinhalten aber keine Wirkstoffe. Sie sind reine Zuckerpillen. Das Erstaunliche ist, dass diese Zuckerpillen oft die gleiche Wirkung haben wie richtige Medikamente.

Ärzte verschreiben diese Placebos, wenn Sie glauben, dass Beschwerden eher psychischer Natur sind. Der Patient weiß davon nichts. Der Arzt erklärt ihm, dass es sich bei den Tabletten um ein hochmodernes, äußerst wirksames Medikament handelt.

Manche Placebos werden zusätzlich mit übel schmeckenden Geschmacksstoffen vermischt. Interessanterweise unterstellt der durchschnittliche Patient einer Tablette, die besonders scheußlich schmeckt, eine höhere Wirkung als einer angenehm schmeckenden. Geschmack hin oder her, Fakt ist eins: Diese Placebos beinhalten keine Wirkstoffe. Dennoch hat die Medizin mit diesen Scheinpräparaten erstaunliche Erfolge erlebt. Wie kann das sein?

Nicht die wirkungslose Zuckerpille führt die Heilung herbei. Sondern der Patient selbst. Er nimmt die Pillen ein und glaubt fest daran, dass dieses hochwirksame Medikament seine gesundheitlichen Probleme schnell beheben wird. Diese optimistische, positive Grundhaltung, die der Patient einnimmt, und der Glaube an seine Heilung übertragen sich unmittelbar auf seinen Körper und verstärken dort den Heilungsprozess. Die positiven Gedanken haben seine Heilung beschleunigt oder gar erst ermöglicht.

In den letzten Jahren ist die Medizin verstärkt auf dieses Phänomen aufmerksam geworden. Es gibt viele Wissenschaftler und Ärzte, die in der Geisteshaltung des Patienten die größte Chance zur Heilung sehen. Placebos stehen manchmal sogar in Konkurrenz zu den herkömmlichen, klassischen Tabletten, die mit chemischen Wirkstoffen vollgestopft sind.

Jedes Jahr entwickelt die Pharmaindustrie Hunderte neue Medikamente. Natürlich werden diese Produkte nicht ungeprüft auf den Markt geworfen. Sie unterliegen sehr strengen Richtlinien. Der wichtigste Punkt ist, dass die Produkte dem Menschen nicht schaden, dass es also keine oder nur geringe bzw. hinnehmbare Nebenwirkungen gibt. Der andere entscheidende Punkt ist die Wirksamkeit. Hier lauert für neue Produkte die größte Hürde: Sie müssen sich mit Placebos messen.

Hier ein Beispiel: Eine neue Tablette gegen Heuschnupfen soll eingeführt werden. Es werden dann zwei Gruppen von Probanden gebildet. Die eine Personengruppe erhält das neue Medikament. Die Personen der anderen Gruppe erhalten ein Placebo. Die Versuchspersonen wissen jedoch nicht, zu welcher Gruppe sie gehören. Sie wissen nicht, dass es ein Medikament und ein Placebo gibt. Man sagt ihnen lediglich: *„Dies ist ein neuartiges Mittel gegen Heuschnupfen."*

Nun beobachtet man die Ergebnisse in den beiden Gruppen. Damit das Medikament seine Wirksamkeit unter Beweis stellen kann, muss seine positive Wirkung über der Wirkung des Placebos liegen. Dies ist jedoch in ganz vielen dieser Versuchsreihen nicht der Fall. Oftmals sind die Zuckerpillen genauso wirkungsvoll wie ein herkömmliches Medikament mit chemischem Wirkstoff.

Die einzige Erklärung, die wir dafür annehmen können, lautet: Nicht der Wirkstoff, sondern die Gedanken des Patienten an seine Heilung ist der Hauptfaktor der Genesung.

Es gibt Menschen, die schon unbewusst und intuitiv eine Menge an Erfahrungen und Wissen zur Heilkraft ihrer Gedanken besitzen. Sie nutzen, ohne es zu ahnen, ihre Kräfte und stärken damit entscheidend ihren Körper. Vielleicht behaupten Sie von sich selbst: *„Ich habe von Natur aus ein starkes Immunsystem"*, oder *„Ich habe superstabile Knochen"* oder *„Karies kann meinen Zähnen nichts anhaben"* oder *„Wenn mir mal der Rücken wehtut, nehme ich eine heiße Dusche und dann ist wieder alles in Butter – klappt immer."*

Ich frage mich, welche dieser oder ähnlicher Gedanken Sie regelmäßig denken? Ihnen muss jetzt nicht sofort „ein Licht aufgehen" und Sie müssen nicht sofort in Begeisterungsstürme verfallen, weil Sie bereits über starke, heilende Gedanken verfügen und diese gezielt nutzen. Es ist aber, denke ich, gut zu wissen, dass die Sache mit den Placebos stimmt und Sie bereits über alle Fähigkeiten verfügen, die Sie brauchen, um Ihrem Körper wertvolle Heilimpulse zukommen zu lassen.

DIESE GESCHICHTE GLAUBEN SIE MIR NIEMALS – ABER SIE IST WAHR!

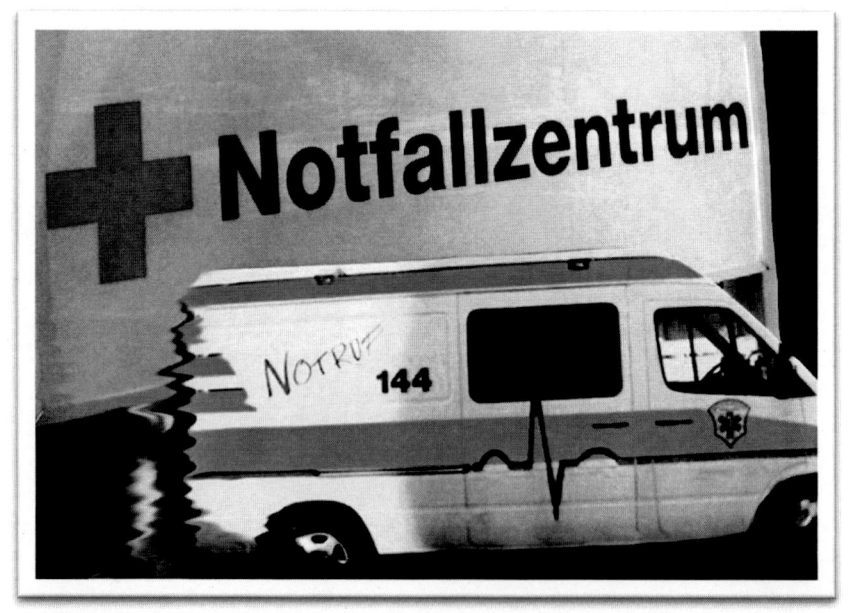

© Tokamuwi / pixelio.de

Ich weiß, dass die Geschichte, die ich Ihnen gleich erzähle, Skepsis hervorrufen wird. Die Geschichte ist jedoch kein Märchen und keine Phantasie. Jeder Buchstabe ist wahr. Renommierte Zeitungen und Zeitschriften wie die Frankfurter Allgemeine Zeitung und die Welt der Wunder haben darüber berichtet.

2007. Der 26jährige Derek Adams erlebt gerade eine schwere Krise. Seine Freundin hat ihn vor Kurzem verlassen. Er fällt in ein tiefes Loch. Sieht keinen Ausweg. Er will sich töten, greift zu einem Antidepressivum: Er nimmt auf einen Schlag 29 dieser hoch dosierten Tabletten. Eine tödliche Menge.

Nach kurzer Zeit stellen sich bereits die ersten Vergiftungssymptome ein: Schwindelgefühl, sinkender Blutdruck, Muskelversagen. Derek Adams bricht zusammen.

Glücklicherweise wird er rechtzeitig von einem Freund gefunden, der sofort den Rettungsdienst alarmiert.

Im Krankenhaus stellt sich etwas heraus, was selbst die erfahrenen Ärzte verwirrt: Die Tabletten, die der Patient geschluckt hat, sind kein echtes Antidepressivum. Es handelt sich um Placebos, die Derek im Rahmen eines Medikamentenversuchs erhalten hatte.

Es handelte sich um einen ähnlichen Versuch, wie ich ihn eben für die Zulassung neuer Medikamente beschrieben habe. Obwohl Derek somit kein Gift zu sich genommen hatte, waren reale Vergiftungssymptome in seinem Körper nachweisbar. Wir haben hier das Gegenteil eines Placebos: ein Nocebo. Dereks Glaube daran, dass die Tabletten giftig waren, führte dazu, dass er die entsprechenden Vergiftungserscheinungen tatsächlich erlitt.

Nocebos sind also nichts anderes, als negative sich selbst erfüllende Prophezeiungen. Sie müssen nicht zwangsläufig über eine Tablette aufgenommen werden. Worte können denselben Effekt haben, wenn wir ihnen eine entsprechend hohe Bedeutung beimessen.

Vor diesem Hintergrund können auch Beipackzettel von Medikamenten das Risiko erhöhen, dass diese Nebenwirkungen tatsäch-

DIE SCHATZINSEL-METHODE

lich eintreten. Die Prozesse, die dazu führen, dass negative Erwartungen unseren Körper schwächen, sind noch nicht ausreichend durch die Wissenschaft untersucht. Mit zunehmender Dauer wird sich jedoch mit Sicherheit eines herausstellen: Die Gedanken sind ein großer, wenn nicht sogar der größte Faktor im Heilungsprozess.

Vielleicht werden Sie ab jetzt oder auch erst in einiger Zeit häufiger daran denken, dass Ihre Gedanken eine sehr starke Heilkraft entfalten können. Selbst, wenn Sie auf bewusster Ebene noch Zweifel haben, können Sie sich trotzdem immer darauf verlassen, dass Ihr Unterbewusstsein, dass nur Ihr Bestes will, bereits in diesem Augenblick aktiv an Ihrer Heilung arbeitet. Jetzt, wo Sie über Placebos und Nocebos Bescheid wissen, wird es Ihnen sicher sehr einfach fallen, Ihr Unterbewusstsein ungestört arbeiten zu lassen oder es sogar mit positiven Gedanken tatkräftig zu unterstützen.

Ab jetzt nehmen Sie doch einfach bei Beschwerden zusätzlich zu den Medikamenten Placebos in Form positiver Gedanken zu sich. Früher oder später werden Sie bemerken, dass Ihr körperliches Wohlbefinden sich deutlich verbessert hat. Andere Menschen waren am Anfang diesbezüglich skeptisch, ob das wirklich funktioniert, aber bemerkten dann bald die Wirksamkeit und Effizienz. Es ist schön zu sehen, dass diese Phänomene absolut praxistauglich und jederzeit im Selbstversuch überprüft werden können. Später in diesem Buch werden Sie die Grundsätze zur Aufstellung wirkungsvoller Affirmationen kennenlernen und diese dann auch erfolgreich zur Verbesserung Ihres physischen Wohlbefindens einsetzen.

GLÜCK - ERFOLG - SELBSTSICHERHEIT

WOLLEN AUCH SIE IHRE PERFORMANCE BEI VORTRÄGEN UND PRÄSENTATIONEN MIT DIESER PILLE ERHEBLICH STEIGERN?

© M. Fröhlich / pixelio.de

DIE SCHATZINSEL-METHODE

Stellen Sie sich vor, Sie müssten nächste Woche einen Vortrag halten. Die meisten Menschen tun das nicht gerne. Sie fühlen sich einfach nicht gut dabei, vor einer größeren Gruppe von Personen frei zu sprechen. Wie wäre es, wenn es eine Tablette gäbe, die Ihnen einen gewaltigen Leistungszuwachs bei Vorträgen garantieren würde. Ganz ohne Nebenwirkungen. Würden Sie dieses Medikament nicht auch sofort kaufen?

Ich habe eine gute Nachricht für Sie: Das Medikament ist kostenlos. Werfen Sie anstatt einer Pille einfach ein paar mächtige Gedanken ein.

Gedanken können nicht nur krank oder gesund machen. Gedanken können auch dazu führen, dass Situationen gut oder schlecht verlaufen. Gedanken geben uns die Macht, Situationen vorzubereiten, bevor wir sie durchleben. Wir haben die Möglichkeit, uns Situationen so vorzustellen, wie wir sie gerne erleben möchten. Unser Körper und unsere mentalen Kräfte stellen sich dann auf diese visualisierte Erfahrung ein. Die Wahrscheinlichkeit, dass die Situation tatsächlich so verläuft, wie Sie es sich vorab vorgestellt haben, vergrößert sich gewaltig.

Ein Beispiel: Sie sollen einen Vortrag halten. Sie beginnen einige Wochen vorher, sich vorzustellen, wie abgeklärt, überzeugend und souverän Sie den Vortrag durchziehen. Sie stellen sich vor, wie entspannt Sie dabei sind, wie Ihnen das Publikum begeistert zuhört und applaudiert. Je öfter Sie sich diesen idealen Ablauf vorstellen, desto mehr verknüpft Ihr Unterbewusstsein diese angenehmen Emotionen mit dem anstehenden Vortrag.

Am Tag des Vortrags verfügt Ihr Unterbewusstsein dann bereits über starke Verbindungen in seinem Netzwerk. Für Ihr Unterbewusstsein geschieht diese Situation nicht zum ersten Mal. Die Netzwerk-Verbindungen zwischen dem Vortrag und dem Gefühl von Ruhe, Entspannung und Selbstsicherheit sind vorhanden und werden jetzt aktiviert. Durch Ihre Gedanken haben Sie den Erfolg magisch angezogen.

Hatten Sie jedoch vorher negative Gedanken über den Vortrag, wird Ihr Körper sich auf Angriff, Verteidigung und Gefahr einstellen: Die negativen Glaubenssätze werden stärker und die Wahrscheinlichkeit, dass Sie den Vortrag in den Sand setzen, steigt dadurch gewaltig.

Haben Sie Zweifel an der Wirksamkeit dieser Visualisierungsmethoden? Dann fragen Sie einen Leistungssportler, ob er sich den Erfolg oder den Sieg bereits im Vorfeld vorgestellt hat. Sie werden herausfinden, dass nahezu jeder Spitzensportler vor seinem inneren Auge den Erfolg schon viele Male vorweggenommen hat.

Es ist gut, sich mit den eigenen Gedanken und Phantasien zu beschäftigen. Vielleicht haben Sie auch schon einmal festgestellt, dass es oftmals genau so kommt, wie Sie es vorhergesehen haben – im negativen wie auch positiven Fall. Es ist interessant zu erleben, dass viele Menschen – nachdem Sie von der Kraft der Gedanken erfahren haben – anfangen, Ihre inneren Bilder bewusst zu gestalten, um Ihr Leben in die gewünschte Richtung zu lenken. Auf einer gewissen Ebene haben Sie dies bereits Ihr ganzes Leben lang schon getan. Stellen Sie sich vor, welche Effekte Sie erzielen, wenn Sie es von nun an systematisch tun. Sie werden sich wundern, wie einfach es ist, die in diesem Buch beschriebene Schatzinsel-Methode zu nutzen und ein Maß an Erfolg und Glück in Ihr Leben zu ziehen, dass Sie vielleicht vorher für unmöglich hielten.

DIE SCHATZINSEL-METHODE

MÖGLICHERWEISE TRIFFT IHR INNERER SCHWEINEHUND MEHR ENTSCHEIDUNGEN, ALS IHNEN LIEB IST

© S. Hofschlaeger / pixelio.de

Sie möchten vielleicht noch eine wichtige Sache über Ihr Unterbewusstsein wissen. Das Libet-Experiment, von dem ich Ihnen gleich berichte, wird Sie wahrscheinlich verblüffen. Zuerst aber noch ein paar Warnhinweise zum inneren Schweinehund.

Das Bewusstsein ist die Kommandozentrale, während das Unterbewusstsein der Maschinenraum ist. Im Maschinenraum wird gearbeitet und die nötige Energie erzeugt, während die Entscheidungen in der Kommandozentrale getroffen werden. Ein einleuchtendes Modell. Genauso allerdings, wie wir das Unterbewusstsein und das Bewusstsein nicht haarscharf trennen können, ist auch die Entscheidungsgewalt nicht zu 100 % beim Bewusstsein. Es gibt eine Grauzone.

Im Alltag erleben wir häufig Situationen, in denen das Unterbewusstsein sich ganz unverschämt in unsere Entscheidungen einmischt. Ich rede allerdings nicht davon, dass wir die Kontrolle über uns verlieren, wie das bei einem ausbrechenden Komplex der Fall wäre. Das Unterbewusstsein arbeitet in diesen Fällen, die ich jetzt meine, ganz unbemerkt.

Um in unserem Schiffsbeispiel zu bleiben: Ein Matrose aus dem Maschinenraum trifft den Kapitän beim Kaffeetrinken und lässt beiläufig ein paar neue Ideen fallen. Der Kapitän schnappt diese Ideen auf und denkt später, es wären seine eigenen Gedanken.

Nehmen wir eine Situation, die jeder von uns kennt. Sie haben mit Ihrer Kommandozentrale, Ihrem Bewusstsein, beschlossen, regelmäßig Sport zu treiben. Sie schauen aus dem Fenster und überlegen, ob Sie jetzt joggen gehen sollten. Sie wollen eigentlich schon, aber Sie sind sich plötzlich nicht mehr sicher, ob die Idee wirklich so gut ist:

"Das Essen liegt mir noch schwer im Magen, ich sollte lieber noch ein bisschen warten. Außerdem könnte es Regen geben. Der Himmel sieht den ganzen Tag schon ziemlich dunkel aus. Abgesehen davon spüre ich dieses leichte Ziehen im linken Knie. Man sollte keinen Sport machen, wenn man Gelenkprobleme hat. Es würde dadurch nur noch schlimmer

werden. An sich wäre es auch nicht tragisch, wenn ich heute keinen Sport mache. Ich habe letzte Woche Sport gemacht. Und im Fernsehen habe ich neulich erst gesehen, wie gefährlich Übertraining ist. Außerdem glaube ich, dass morgen das Wetter viel schöner ist. Es wäre wirklich blöd, wenn ich heute im Regen laufen würde und dann morgen bei Sonnenschein einen trainingsfreien Tag einlegen müsste. Okay, ich würde zwar gerne laufen gehen, aber alles spricht dafür, es lieber morgen zu tun."

Wer hat das noch nicht erlebt? Im Alltag sprechen wir davon, dass der innere Schweinehund mal wieder gewonnen hat. Doch was genau ist passiert? Falls Sie sich an eine ähnliche Situation erinnern, werden Sie vielleicht erkennen: Eigentlich stand die Entscheidung schon von vornherein fest.

Es war schon vorher klar, dass Sie nicht laufen gehen würden. Sie hatten ein ungutes Gefühl bei der Sache. Das Gefühl ist keine Sache des Bewusstseins. Es wurde vom Unterbewusstsein erzeugt. Ihr innerer Schweinehund hat Sie manipuliert. Welche Rolle hat Ihr bewusster Verstand gespielt? Er hat lediglich rationale Gründe gesucht, um die bereits feststehende Entscheidung des Unterbewusstseins zu untermauern.

Sie haben so lange nachgedacht, bis Sie genug rationale Gründe hatten, um Ihr Bewusstsein zu beruhigen. Der innere Schweinehund hat also nicht nur seine Entscheidung durchgesetzt. Er hat das Bewusstsein auch gleichzeitig noch dafür missbraucht, dass es ihm die nötige Rechtfertigung gibt.

Wenn Sie einen Eigentlich-Aber-Gedanken haben, hat Ihr Unterbewusstsein meistens schon eine Entscheidung getroffen und will Ihr Bewusstsein einspannen: „Eigentlich möchte ich ja laufen gehen, aber ..."

Zu dem Phänomen, dass das Unterbewusstsein Entscheidungen beeinflussen kann, gibt es einen sehr wichtigen Versuch: das Libet-

Experiment. Es ist nach dem Hirnforscher Benjamin Libet benannt, der das Experiment 1979 durchführte.

Er ließ eine Person auf einem Stuhl Platz nehmen. Er setzte ihr einen Helm auf, der ihre Gehirnströme maß, und befestigte ein anderes Messgerät an ihrem Handgelenk. Dann ließ er die Versuchsperson auf eine große Uhr schauen, die an der Wand gegenüber befestigt war. Das war keine normale Uhr, sondern bestand aus einer Scheibe, die von einem grünen Punkt in schneller Geschwindigkeit umkreist wurde.

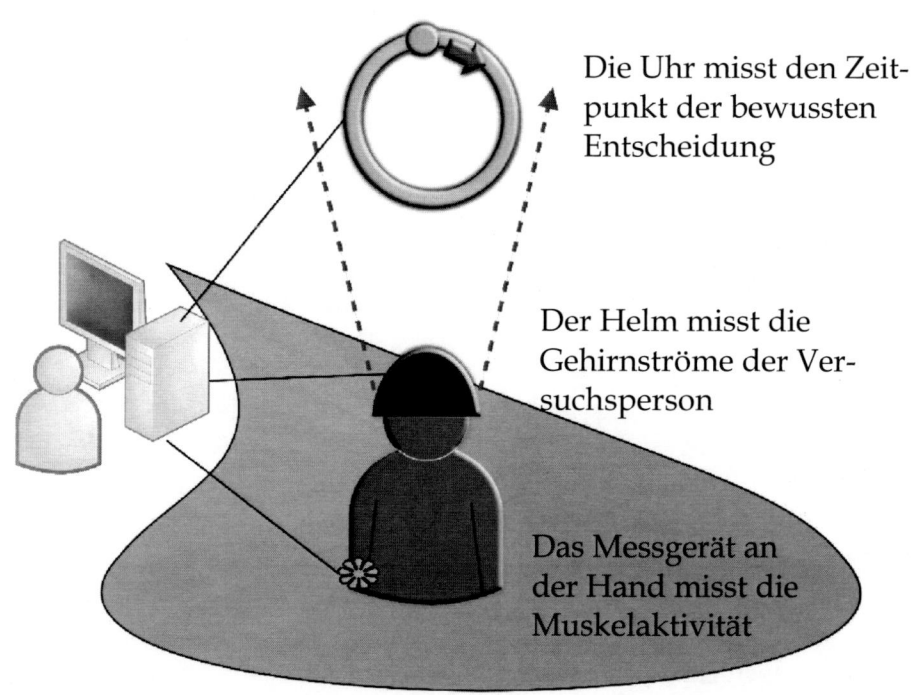

Die Uhr misst den Zeitpunkt der bewussten Entscheidung

Der Helm misst die Gehirnströme der Versuchsperson

Das Messgerät an der Hand misst die Muskelaktivität

Er gab der Person folgende Anweisung: *"Schauen Sie auf die Uhr. Zu einem bestimmten Zeitpunkt, den Sie frei wählen können, bewegen Sie Ihre Hand. In dem Moment, in dem Sie diesen Entschluss treffen, schauen Sie bitte auf die Uhr und merken Sie sich, wo genau der grüne Punkt steht."*

DIE SCHATZINSEL-METHODE

Die Versuchsperson schaute eine Zeit lang auf den kreisenden Punkt. Dann bewegte sie ihre Hand und merkte sich die exakte Position des grünen Punktes auf der Uhr. Libet schaute auf seine Messgeräte. Durch seine Messgeräte konnte er den genauen Zeitpunkt ermitteln, wann die Person das Handgelenk bewegt hatte. Außerdem konnte er den genauen Zeitpunkt der Hirnaktivität feststellen, also den Zeitpunkt der Entscheidung.

Nun fragte er die Versuchsperson, an welcher Position der grüne Punkt war. Durch die Position konnte er den genauen Zeitpunkt ermitteln, an dem die Person aus ihrer Sicht die Entscheidung traf.

Die Ergebnisse dieses Versuches sind spektakulär und haben damals viel Wirbel verursacht.

Schauen wir uns die zeitliche Reihenfolge dieser drei Ereignisse an. Gehen wir von dem Zeitpunkt aus, an dem die Versuchsperson ihre Hand bewegte. 2 Millisekunden vorher liegt der Zeitpunkt, den die Versuchsperson mit Blick auf die Uhr als ihren Entschluss-Zeitpunkt angab. Soweit okay.

Aber unglaublich: 5 Millisekunden, bevor die Versuchsperson sich bewusst entschieden hatte zu handeln, zeigte das Messgerät Gehirnaktivitäten an, nämlich dass die Versuchsperson eine Entscheidung getroffen hatte!

Der Versuchsperson erschien es so, als hätte sie frei eine Entscheidung getroffen. Doch wie kann es dann sein, dass das Gehirn eine gewisse Zeit vorher aktiv wurde, um diese Entscheidung vorzubereiten? Zu einem Zeitpunkt, an dem die Versuchsperson sich bewusst noch gar nicht entschieden hatte!

Die radikale These, die einige Wissenschaftler aus diesem Versuch zogen, lautet: Der Mensch hat gar keine echte Willensfreiheit. Seine Entscheidungen werden durch das Unterbewusstsein getroffen. Das Bewusstsein dient lediglich dazu, die bereits feststehenden Entscheidungen zu rechtfertigen.

Spätere Forscher haben den Aufbau und den Ablauf des Experimentes kritisiert und die Aussagekraft infrage gestellt.

Heute geht kein seriöser Wissenschaftler mehr davon aus, dass menschliches Handeln vollständig durch das Unterbewusstsein dominiert ist. Dennoch hat dieses Experiment einen sehr wichtigen Hinweis erbracht: Wann immer wir denken, wir träfen eine freie Entscheidung, ist diese Entscheidung auf die eine oder andere Weise durch das Unterbewusstsein beeinflusst.

Dies nimmt uns nicht unsere Willensfreiheit. Aber unser Unterbewusstsein kann uns sehr stark in die eine oder andere Richtung ziehen.

Wir sollten im Hinterkopf behalten: Unser Unterbewusstsein hat seinen Anteil an unseren Entscheidungen. Wir können es nicht aus diesem Entscheidungs-Prozess ausklammern. Wir sollten es also lieber so verändern, dass es uns dabei unterstützt, unsere Ziele zu erreichen.

Gehen wir zurück zu unserem Beispiel mit dem Jogger, der von seinem inneren Schweinehund besiegt wird. Da der Jogger jetzt weiß, dass sein Unterbewusstsein immer ein gehöriges Wort mitzureden hat, nimmt er sich Zeit, es auf sein Ziel einzustimmen: Er pflanzt starke Netzwerkverbindungen zwischen dem Joggen und positiven Dingen wie Freude an der Bewegung, wohltuende frische Luft, ein gutes Selbstwertgefühl nach dem Sport und einem hohen, gesunden Energielevel.

Wenn er einige Zeit später darüber nachdenkt, laufen zu gehen, wird sein Unterbewusstsein ihn von Anfang an mit einem positiven Gefühl unterstützen. Die Wahrscheinlichkeit, dass sich unser Läufer entscheidet, joggen zu gehen, ist nun sehr hoch. Das Beste daran ist: Er muss noch nicht einmal seinen inneren Schweinehund besiegen. Der Schweinehund ist auf seiner Seite!

Im weiteren Verlauf dieses Buches werde ich Ihnen erprobte Techniken zeigen, mit denen Sie solche unterstützenden Netzwerkverbindungen erschaffen können. Ich verspreche Ihnen: Sie werden kraftvolle Mentaltechniken kennenlernen die wirken und die Ihnen Erfolg bringen.

DER FAULE WEG, ÜBERAUS ERFOLGREICH ZU WERDEN – UND ZU BLEIBEN

© Petra Bork / pixelio.de

Erfolg. Das geht nur über Anstrengung, Konzentration auf jedes Detail, volle Aufmerksamkeit auf das, was wir gerade machen.

Diese Aussage könnte in einem „klassischen" (nicht hilfreichen) Erfolgsratgeber stehen.

Überprüfen Sie doch einfach diese Aussage. Gehen Sie zu Ihrem Auto, setzen Sie sich hin und machen Sie den Motor an. Fahren Sie nun mehrmals an. Konzentrieren Sie sich genau darauf, was Sie tun, mit welchem Druck Sie welche Pedale drücken, wie Sie die Kupplung kommen lassen, wann Sie Gas geben …

Wie ist es gelaufen? Die meisten Menschen würgen entweder den Motor ab oder lassen ihn aufheulen, weil sie zu viel Gas geben …

Lassen Sie uns nun den faulen Weg zum Erfolg beschreiten und eingeübte Gewohnheiten abrufen. Gute Gewohnheiten bringen gute Ergebnisse, schlechte Gewohnheiten lassen Sie gegen die Wand fahren.

Wir sagen nicht umsonst: Der Mensch ist ein Gewohnheitstier. Gewohnheiten erleichtern unser Leben: Wir betreten ein Haus und treten uns, ohne darüber nachzudenken, an der Matte die Schuhe ab. Wir wechseln auf der Autobahn die Spur, wie gewohnt setzen wir den Blinker. Vor dem Schlafengehen putzen wir uns die Zähne - ohne vorher darüber zu grübeln.

Verhaltensforscher gehen davon aus, dass ein Großteil unseres Handelns von diesen Gewohnheiten beherrscht wird. Hierbei sind nicht nur einfache Dinge wie Schuhe abtreten, Blinker setzen oder Zähne putzen gemeint. Die Art und Weise, wie Menschen denken, ist ebenfalls von Gewohnheiten geprägt.

Deshalb sind unsere Gewohnheiten zu einem großen Teil für unser Leben verantwortlich. Im positiven wie auch im negativen Sinne.

Wie entstehen Gewohnheiten? Sie entstehen aus unseren Handlungen. Wenn wir eine Handlung immer und immer wieder begehen, wird irgendwann eine Gewohnheit daraus. Auch Handlungen, die wir nicht gerne tun, können zur Gewohnheit werden, wenn wir sie immer und immer wieder tun. Es ist gleichgültig, ob wir eine Handlung bewusst tun oder nebenbei, ohne darüber nachzudenken. Gewohnheiten sind nichts anderes als angelernte Verhaltensweisen. Wir können diesen Prozess des Lernens in vier Stufen einteilen.

Stufe eins: unbewusste Inkompetenz

In dieser ersten Stufe ist dem Menschen gar nicht bewusst, dass er eine bestimmte Sache nicht kann. Dem Kind beispielsweise ist nicht bewusst, dass es nicht Auto fahren kann. Autofahren kommt in seiner Lebenswelt gar nicht vor. Es verschwendet keinen Gedanken daran.

Stufe zwei: bewusste Inkompetenz

In der zweiten Stufe stellt der Mensch fest, dass ihm gewisse Fähigkeiten fehlen. Der Fahranfänger beispielsweise stellt in seinen ersten Fahrstunden fest, dass er nicht Auto fahren kann.

Stufe drei: bewusste Kompetenz

In dieser Stufe hat der Mensch eine Tätigkeit gerade neu erlernt. Er muss jedoch seine volle Aufmerksamkeit darauf richten, um keine Fehler zu machen. Am Ende der Fahrschule kann der Mensch in unserem Beispiel zwar Auto fahren. Aber er hat keine Routine und muss hoch konzentriert sein, um keine Fehler zu machen.

Stufe vier: unbewusste Kompetenz

In dieser Stufe beherrscht der Mensch eine Tätigkeit, ohne sich auf sie konzentrieren zu müssen. Wesentliche Teile der Tätigkeit werden von seinem Unterbewusstsein übernommen. Der Mensch fährt

DIE SCHATZINSEL-METHODE

Auto, kann aber nebenbei dem Radio lauschen, an die nächste Besprechung denken oder sogar per CD eine Fremdsprache lernen.

1. **Unbewusste Inkompetenz**

2. **Bewusste Inkompetenz**

3. **Bewusste Kompetenz**

4. **Unbewusste Kompetenz**

Dieses Modell der vier Stufen zeigt uns, wie Gewohnheiten entstehen. Am Anfang haben wir großen Einfluss darauf, wie und ob sich eine Gewohnheit in uns festsetzt. Ist die Gewohnheit aber erst einmal in das Netzwerk unseres Unterbewusstseins eingeflossen und hat sich dort festgesetzt, ist sie nur noch mit etwas Aufwand veränderbar.

Aus diesem Grund sollten wir genau aufpassen, welche Gewohnheiten wir uns antrainieren. Alle Dinge, die wir regelmäßig machen, werden irgendwann zu festen Gewohnheiten.

Bleiben wir bei unserem Beispiel mit der Fahrschule. Der Anfang entscheidet, wie eine Gewohnheit beschaffen sein wird. Haben wir einen guten Fahrlehrer, der auf alle Details achtet und diese auch vom Fahrschüler einfordert, werden aus den Verhaltensweisen des Schülers nach und nach gute Gewohnheiten wachsen.

Der Fahrschüler muss später nicht mehr darüber nachdenken, den Schulterblick zu machen, den Blinker zu setzen oder in den Rückspiegel zu schauen. Er macht es ganz mühelos und unbewusst.

Schenkte der Fahrlehrer diesen Details jedoch keine Aufmerksamkeit, entwickelt der Fahrschüler eine Gewohnheit, die Fehler und Schwächen aufweist. Diese Fehler können ihn umbringen. Stellt der Fahrer den Mangel später fest, muss er seine Gewohnheit verändern. Je nachdem, wie stark die fehlerhafte Gewohnheit im Unterbewusstsein verankert ist, kann ihre Veränderung sehr viel Energie kosten.

Gute Gewohnheiten sind der faule Weg zum Erfolg. Am Anfang müssen wir ein bisschen Energie investieren, um gute Gewohnheiten aufzubauen. Danach wird der Erfolg ganz mühelos, gleichsam per Autopilot, in unser Leben treten.

„Zuerst machen wir unsere Gewohnheiten. Danach machen unserer Gewohnheiten uns."
- Charles Noble

WIE SIE STARKE GEWOHNHEITEN AUFBAUEN, MIT DENEN SIE SELBST DIE ÜBELSTEN SITUATIONEN MEISTERN

© Christian Pohl / pixelio.de

Wir wollen, dass unsere Gewohnheiten ein Magnet für Erfolg und Glück sind. Das funktioniert nur, wenn sie hilfreich und fest verwurzelt sind. Wovon hängt das ab?

Alles hängt davon ab, wie stark oder schwach die Verbindungen in dem Netzwerk unseres Unterbewusstseins sind. Der Fachbegriff hierfür ist: Bahnung. Die Stärke der Bahnung ist von zwei Dingen abhängig: Wiederholung und emotionale Beteiligung. Ich möchte Ihnen das Prinzip der Bahnung mit einem Bild verdeutlichen.

Stellen Sie sich das Netzwerk unseres Unterbewusstseins als dichten Dschungel vor. Der Dschungel ist bewachsen von Bäumen, Sträuchern, Sümpfen, Felsen und anderen Hindernissen. In der realen Welt versucht gerade ein Fahrlehrer seinem Fahrschüler beizubringen, dass er vor dem Spurwechsel nach links einen Schulterblick machen soll, um den toten Winkel des Fahrzeugs zu überprüfen. Der Fahrschüler konzentriert sich ganz auf diese Tätigkeiten und macht den Schulterblick, bevor er das Lenkrad nach links dreht.

Zurück in den Dschungel unseres Unterbewusstseins. Dort hat man gerade von den Handlungen des Fahrschülers erfahren. Wir befinden uns an einem Platz im Dschungel namens "Spur wechseln". Unser Unterbewusstsein hat bemerkt, dass der Ort "Spur wechseln" auf irgendeine Weise mit dem Ort "Schulterblick" verknüpft sein muss, da diese beiden Dinge oft gemeinsam passieren.

Von unserem derzeitigen Ort "Spur wechseln" wird nun ein Bote zu dem Ort "Schulterblick" geschickt. Dieser Bote muss seinen Weg durch den Dschungel bahnen. Abgeknickte Äste, platt getretenes Gestrüpp und Fußspuren säumen seinen Weg.

Die Fahrstunde hat gerade erst begonnen. Der Fahrlehrer will, dass der Fahrschüler den Schulterblick wirklich verinnerlicht hat. So lässt er ihn immer und immer wieder die Spur wechseln. Wenn der Fahrlehrer sagt: "*Jetzt die Spur nach links wechseln*", denkt der Fahrschüler mit voller Konzentration nach: "*Okay, ich soll die Spur wechseln. Was muss ich alles tun? Schulterblick ... Blinken ...*"

DIE SCHATZINSEL-METHODE

Zurück in den Dschungel. Durch die Gedanken und das Handeln des Schülers wird vom Ort "Spur wechseln" erneut ein Bote zum Ort "Schulterblick" geschickt. Anstatt jedoch bei null anzufangen, richtet sich der Bote an den Spuren aus, die sein Vorgänger auf dem Weg hinterlassen hat. Auf seinem Weg wird er weitere Zweige abschneiden, störende Sträucher heraus reißen und Steine oder andere Hindernisse aus dem Weg räumen. Aus der ersten Spur ist vielleicht schon ein kleiner Pfad geworden.

Jedes Mal, wenn der Fahrschüler nun mit seinem bewussten Verstand die Spur wechselt und dabei den Schulterblick macht, wird ein weiterer Bote losgeschickt. Nach und nach werden aus diesem anfänglich kleinen Pfad ein befestigter Weg, eine Straße und vielleicht sogar eine Autobahn.

Wenn der Weg zwischen den beiden Orten später einmal ausreichend befestigt und begehbar ist, muss der Fahrschüler nicht mehr mit seinem bewussten Verstand an den Schulterblick denken: Empfängt das Unterbewusstsein den Begriff "Spur wechseln", stehen an diesem Ort im Dschungel sofort Boten bereit, die nur einen Auftrag haben: Schnell alle anderen Orte alarmieren, die mit dem eigenen Ort verbunden sind.

Die Boten springen also auf und schauen sich um, in welche Richtung es wohl zu den umliegenden Orten geht. Eine gut ausgebaute Straße oder sogar eine Autobahn springt natürlich als Erstes ins Auge und viele Boten werden diesen Weg nehmen. Je schlechter jedoch der Weg ausgebaut ist, desto eher kann es sein, dass die Boten ihn übersehen oder sich auf dem Weg verirren. In diesem Fall wird der Ort nicht alarmiert und im Bewusstsein des Schülers kommt die Information, z. B. "Schulterblick machen", nicht an.

Dies ist die Macht der Wiederholung. Je öfter ein Weg von Boten gegangen wird, desto besser wird er ausgebaut. Hat der Fahrschüler oft genug geübt, sind beide Begriffe miteinander verknüpft und es hat sich eine Gewohnheit herausgebildet.

Neben der ständigen Wiederholung kann auch eine hohe emotionale Beteiligung einem Trampelpfad schnell in eine Autobahn verwandeln. Stellen Sie sich vor: Der Fahrschüler wechselt die Spur, vergisst jedoch den Schulterblick. Die Situation ist bedrohlich, er wird gerade überholt. Der Fahrlehrer brüllt: *"Du Idiot, willst du uns umbringen? Du hast den Schulterblick vergessen!"* Er greift in das Lenkrad, während der Fahrschüler entsetzt erkennt, dass er beinahe ein Fahrzeug gerammt hätte, das sich in seinem toten Winkel befindet.

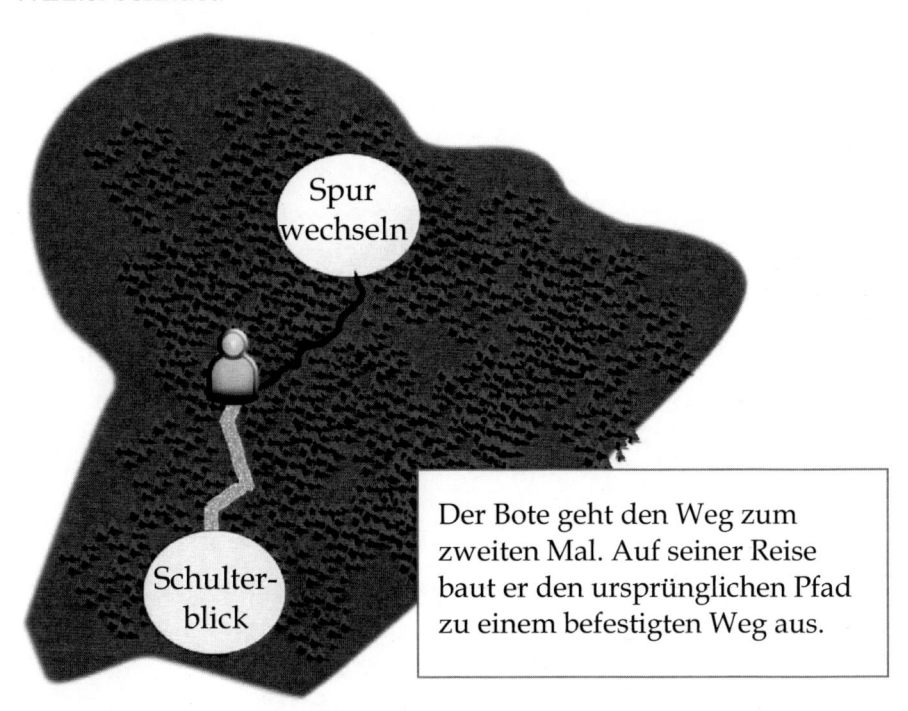

Der Bote geht den Weg zum zweiten Mal. Auf seiner Reise baut er den ursprünglichen Pfad zu einem befestigten Weg aus.

An unserem bekannten Ort im Dschungel kommt also nicht nur lediglich die Information "Spur wechseln" an. Durch die Erlebnisse des Schülers kommt der Begriff stark emotional eingefärbt an: Die Information "Spur wechseln" wird begleitet durch die Angst und den Schock, den der Fahrschüler gerade erlebt. Auch in dieser Lage werden wieder Boten ausgesandt: Vom Ort "Spur wechseln" zu den Orten: "Gefahr", "Angst", "Auto rammen", "angeschrien werden"," Idiot", "Fahrlehrer", "Fehler gemacht", und so weiter. Und natürlich auch zu dem Ort „Schulterblick".

Die Boten sind diesmal aber nicht wie sonst unterwegs: Durch die großen Emotionen sind sie in höchste Alarmbereitschaft versetzt und greifen deswegen zu ihrer besten Ausrüstung. Je nach Stärke der Emotionen nehmen sie Buschmesser, Äxte, Kettensägen oder sogar Planierraupen mit. Dadurch können in Windeseile befestigte Wege entstehen, selbst wenn ein Bote den Weg zum ersten Mal geht.

Je stärker wir emotional beteiligt sind, desto stärker wird die Bahnung. Die stärkste Bahnung erreichen wir, wenn wir Wiederholung und emotionale Beteiligung kombinieren. Viele Menschen sind über die Erfolge erstaunt, die entstehen, wenn Sie Wiederholung und emotionale Beteiligung kombinieren. Auch Sie können jetzt schon damit beginnen, diese beiden Erfolgsfaktoren intuitiv anzuwenden und sich darüber freuen, wie leicht Sie bereits nach kurzer Zeit Ergebnisse erzielen: Finden Sie in Ihrer Erinnerung ein Erlebnis, an das Sie sich gerne erinnern und das in Ihnen positive Emotionen auslöst. Gehen Sie tief in die Erinnerung hinein und durchleben Sie die Situation erneut. Auf dem emotionalen Höhepunkt der Erinnerung berühren Sie mit dem rechten Daumen den rechten Zeigefinger. Machen Sie das jeden Tag mindestens 10 Mal.

Bald wird es reichen, Daumen und Zeigefinger zusammenzuführen, um eine wahre emotionale Erfolgswelle durch Ihren Körper zu jagen.

GLÜCK - ERFOLG - SELBSTSICHERHEIT

MIT EINEM KLEINEN TRICK HALF ICH EINEM FREUND, EINE SEHR UNANGENEHME GEWOHNHEIT LOSZUWERDEN

© Gisela Peter / pixelio.de

DIE SCHATZINSEL-METHODE

Gewohnheiten machen den Unterschied zwischen Erfolg und Misserfolg. Gewohnheiten stecken jedoch auch in vielen kleinen Dingen. Haben Sie negative Gewohnheiten, die Sie gerne auf ewig verbannen würden?

Es gibt da einen kleinen Trick. Er wirkt sehr, sehr stark. Sie sollten ihn aber NUR an sich selbst anwenden und niemals an anderen Personen.

Der Trick ist so stark, dass Sie sich selbst den gewohnheitsmäßigen Griff in die Bonbonschale oder das Bohren in der Nase abgewöhnen können. Sie werden den Trick gleich kennenlernen. Vielleicht werden Sie ihn sofort ausprobieren. Ich verspreche Ihnen: Sie können damit jede kleine schlechte Gewohnheit in kürzester Zeit auf den Mond schießen.

Ich habe einen Bekannten, der seit seiner Kindheit eine Angewohnheit besaß, die ihn sehr störte: Er kaute immer und immer wieder an seinen Fingernägeln.

Dies störte ihn sehr und seine ungepflegten Nägel waren ihm überaus peinlich. Er versuchte alle möglichen Tricks, um die schlechte Gewohnheit abzulegen: Doch seine Bemühungen scheiterten und er knabberte weiterhin an seinen Nägeln.

Schließlich empfahl ich ihm folgende Methode: *„Besorge dir ein flexibles Gummiarmband. Das trägst du rund um die Uhr am linken Handgelenk. Jedes Mal, wenn du dich beim Nägelkauen ertappst, ziehst du das Gummiband mit deiner rechten Hand nach oben und lässt es zurückschnellen."*

Die Folge war, dass mein Bekannter jedes Mal ein sehr unangenehmes Ziehen spürte, wenn das Gummiband auf seinen Unterarm zurückschnellte. In seinem unterbewussten Netzwerk verband sich somit das Nägelkauen mit diesem unangenehmen Schmerz. Nach einer Woche hatte er seine negative Gewohnheit besiegt: Jedes Mal, wenn er unbewusst seine Hand zum Nägelkauen an den Mund führte, kam ihm sofort die Erinnerung an den unangenehmen

Schmerz des zurückschnellenden Gummibandes ins Bewusstsein. Auf diese Weise konnte er die Kontrolle zurückgewinnen und das Nägelkauen verhindern. Ein paar Tage später hatte er seine lästige Angewohnheit vollständig überwunden.

Dies ist ein Beispiel dafür, wie wir mit Emotionen eine starke Bahnung erreichen können. Das Prinzip "Lernen durch Schmerz" hat etwas für sich. Allerdings nur, wenn Sie es an sich selbst anwenden und damit die Kontrolle haben. Wenden Sie "Lernen durch Schmerz" niemals bei anderen Menschen an, insbesondere nicht bei Kindern. Kurzfristig gesehen können Sie durch Prügel vielleicht bewirken, dass Ihre Kinder ihr Zimmer aufräumen, die Hausaufgaben machen oder pünktlich nach Hause kommen. Langfristig gesehen erziehen Sie Ihre Kinder jedoch zu Gewaltmenschen, die starke Glaubenssätze entwickelt haben, die Ihnen einflüstern: *"Gewalt ist ein normales und nützliches Mittel, um meinen Willen durchzusetzen."* Dieser Glaubenssatz erhöht die Wahrscheinlichkeit, dass Ihre Kinder entweder auf der Straße oder im Gefängnis landen, enorm.

Ich habe Ihnen eben ganz einfache Beispiele genannt, um die Entstehung von Gewohnheiten zu erklären. Gewohnheiten beeinflussen jedoch nicht nur diese einfachen Dinge: Die Art und Weise, wie wir Probleme lösen, wie wir reden, wie wir auftreten, wie wir unseren Mitmenschen begegnen und vieles mehr wird durch Gewohnheiten bestimmt.

Wenn wir unser Leben entscheidend verändern wollen, sollten wir genau hier ansetzen: an unseren Gewohnheiten. Wenn wir unser Leben verändern, wollen aber dabei an der Oberfläche bleiben, werden wir nur kleine Veränderungen herbeiführen, deren Wirkung verpufft: Ich kann eine Checkliste zum Thema *"Wie ich Probleme löse"* auswendig lernen; wenn sich aber nichts an meinen Gewohnheiten, nichts in meinem Unterbewusstsein verändert, dann werde ich Herausforderungen genauso hilflos gegenüberstehen wie zuvor.

DIE SCHATZINSEL-METHODE

Im nächsten Kapitel erfahren Sie von einem Experiment. Es ist ein Experiment, das viele Menschen sich sehr zu Herzen nehmen, weil ihnen ein Licht aufgeht. Weil sie sich selbst dort wieder finden. Ich bin mir sicher, dass Ihnen die Erkenntnisse daraus sehr viel Wert sein werden.

LEIDEN ETWA AUCH SIE AN ERLERNTER HILFSLOSIGKEIT?

© Jorma Bork / pixelio.de

DIE SCHATZINSEL-METHODE

Ihr Gehirn ist unglaublich. Es kann bis zu 10 [16] Rechenoperationen pro Sekunde ausführen. 10 hoch 16 ... Das ist eine 1 mit 16 Nullen: 10 Billiarden. Können Sie sich diese Zahl vorstellen? Dabei verbraucht Ihr Gehirn nur 15 bis 20 Watt. Diese unglaubliche Leistung konnte erst vor wenigen Jahren von einem Computer erreicht werden: Der CRAY XT5 aus Tennessee in den USA kommt annähernd an die Leistung des menschlichen Gehirns heran. Nur, dass der Supercomputer etwas größer ist und mehr Energie benötigt: Seine Elektronik füllt ein riesiges Gebäude und er benötigt ein eigenes kleines Kraftwerk.

Unser Gehirn ist die effektivste und mächtigste Maschine, die die Welt je gesehen hat. Vielleicht ist es sogar im ganzen Universum einmalig. Seine Rechenleistung, seine Kompaktheit, seine Möglichkeit zur Selbstreparatur und seine Fähigkeit, völlig neuartige Dinge zu erschaffen, sind phänomenal.

Jeder Mensch ist mit dieser Supermaschine ausgestattet und kann auf diese enorme Leistungsfähigkeit zurückgreifen. Selbst der „dümmste" Mensch kann auf einen Apparat zurückgreifen, dessen Leistungsfähigkeit nur von den schnellsten Supercomputern der Welt erreicht wird.

Wissen Sie, was ich sehr erstaunlich finde? Dass viele Menschen sich hilflos, unkreativ und überwältigt fühlen, wenn Sie Herausforderungen gegenüberstehen. Wie oft geben wir die Hoffnung auf und sehen keinen Ausweg? Wie oft sagen wir: *„Ich kann nichts machen, ich hab es nicht in der Hand."* Wir denken, wir wären unfähig, ein Problem zu lösen. Und das, obwohl jeder von uns dieses unglaublich leistungsfähige Gehirn besitzt.

Hierzu habe ich ein Experiment für Sie recherchiert. Es zeigt eindrucksvoll, dass Hilflosigkeit, Hoffnungslosigkeit oder Opfermentalität nicht auf äußere Umstände zurückzuführen ist: Das Gefühl der Hilflosigkeit entsteht in unserem Kopf.

Das Experiment wurde 1967 von dem US-amerikanischen Psychologen Martin Seligman durchgeführt. Als Versuchsobjekte mussten

Hunde herhalten. Die Hunde wurden in 3 Gruppen eingeteilt und mit besonderen Halsbändern ausgestattet. Diese Halsbänder ermöglichten es Seligman, den Hunden per Fernbedienung Stromstöße zu versetzen. Das Experiment bestand aus zwei Phasen:

1. Phase:

Die Hunde der ersten Gruppe wurden einzeln in Käfige gesperrt. Seligman verpasste Ihnen Stromstöße. Die Stromstöße wurden so lange gegeben, bis der Hund einen Hebel an der Käfigwand umlegte. Einige Zeit später erhielt er weitere Stromstöße, bis er erneut den Hebel bewegte. Dies wiederholte Seligman einige Male. Der Hund lernte, dass er die Schmerzen loswerden konnte, wenn er den Hebel bediente.

Die Hunde der zweiten Gruppe wurden ebenfalls einzeln in Käfige gesperrt. Nur – es gab keinen Hebel. Sie konnten also nichts tun, um die Stromstöße zu vermeiden. Sie rannten eine Zeit lang im Käfig herum, versuchten dies und das ... Vergeblich. Ihr Verhalten hatte keinerlei Einfluss auf ihre Qualen.

Die dritte Gruppe wurde ebenfalls in Käfige gesperrt. Sie erhielten jedoch keine Stromstöße, sondern mussten lediglich eine Zeit lang in dem Käfig sitzen bleiben.

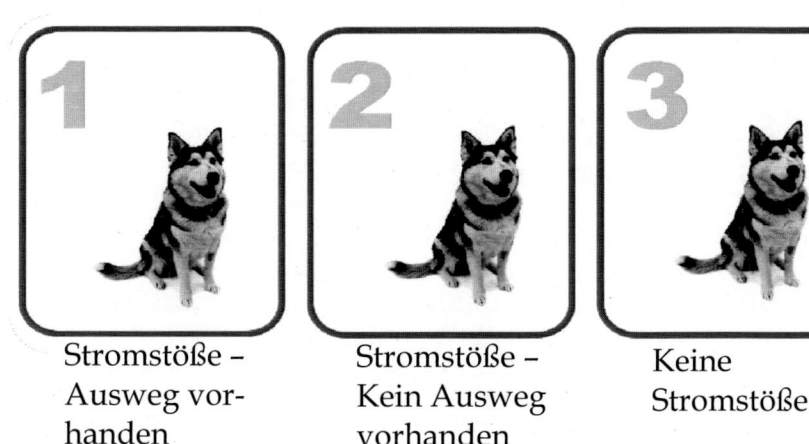

Stromstöße – Ausweg vorhanden	Stromstöße – Kein Ausweg vorhanden	Keine Stromstöße

2. Phase

Danach folgte die entscheidende zweite Phase: Die Hunde wurden einzeln in eine sogenannte Shuttle-Box gesteckt. Eine Shuttle-Box besteht aus zwei Käfigen, die über einen Tunnel miteinander verbunden sind.

Seligman drückte auch in dieser Phase wieder auf seine Fernbedienung, um den Hunden Stromschläge zu geben. Er verpasste ihnen solange Stromstöße, bis die Hunde über den Verbindungsgang in den anderen Käfig gelaufen waren. Dann wartete er eine Zeit lang und verteilte erneut Stromstöße, bis die Hunde wieder den Käfig wechselten. Das Einzige, was die Hunde also tun mussten, um den Stromschlägen zu entgehen: so schnell wie möglich von dem einen in den anderen Käfig zu laufen. Diese Regel galt für die Hunde aus allen drei Gruppen.

Wie gut haben sich die Hunde der verschiedenen Gruppen in dieser Phase geschlagen?

Wir beginnen bei der 1. Gruppe, also bei den Hunden, die in der ersten Versuchsphase den Stromschlägen durch Bewegen eines Hebels entgehen konnten. Die Hunde dieser Gruppe lernten sehr schnell. Sie waren von Anfang an aktiv auf der Suche nach einer Lösung. Bald hatten sie sich sogar auf Seligmans zeitliche Abfolge der Stromstöße eingestellt und gingen rechtzeitig, bevor die Stromstöße einsetzten, in den anderen Käfig.

Auch die Hunde der 3. Gruppe, die in der ersten Phase keinerlei Stromschläge erhalten hatten, lernten, die Stromschläge durch einen Käfigwechsel zu vermeiden. Auch sie stellten sich bald auf die zeitliche Abfolge ein und vermieden weitere Stromschläge durch einen vorzeitigen Käfigwechsel. Sie brauchten allerdings für diesen Lerneffekt länger als die Hunde der 1. Gruppe.

Nun zur 2. Gruppe. Diese Hunde hatten in der ersten Phase keine Möglichkeit gehabt, dem Schmerz zu entgehen. Wie reagierten Sie in der zweiten Phase?

Als die Stromstöße einsetzten, reagierten die Hunde der 2. Gruppe passiv und gleichgültig. Sie legten sich auf den Käfigboden und ließen die Schmerzen über sich ergehen. Sie zeigten keine oder nur sehr langsame Versuche, eine Lösung zu finden. Sie hatten aus ihren Erfahrungen (aus der 1. Phase) gelernt, dass es keinen Ausweg gab, dass es keine Möglichkeit gab, den Stromschlägen zu entrinnen.

Jegliches Bemühen schien ihnen Kraftverschwendung zu sein. Sie hatten gelernt, dass ihr Verhalten keinen Einfluss auf die Vermeidung der Schmerzen hatte. Das, was in der 1. Phase den Tatsachen entsprach, galt jedoch nicht in der 2. Phase. Die Hunde hätten den Schmerz leicht beenden können. Sie sahen diese Möglichkeit aber nicht mehr.

Vielleicht ist es in Ordnung sich einzugestehen, dass man selbst auch öfters diese Mentalität an den Tag legt. Haben wir nicht hin und wieder das Gefühl, als wären wir ausgeliefert? Als wäre das eigene Handeln wirkungslos? Als könnten wir uns nur noch auf den Boden werfen und hoffen, dass es bald vorüber ist?

Dabei haben wir die meisten Dinge in unserer Hand. Doch oftmals erkennen wir unsere Verantwortung nicht an:

- Sie sind arbeitslos. Was können Sie schon machen? Es gibt einfach keine Jobs. Ohne gute Verbindungen oder ein Studium gibt es eben keinen Arbeitsplatz. Sie warten deprimiert ab, ob sich die äußeren Umstände vielleicht doch noch ändern werden – was aber nie passiert wird.

- Sie haben eine Aufgabe bekommen, die sie weit überfordert. Was bringt es, weiter nachzudenken? Ihr Scheitern ist vorprogrammiert. Jede Mühe ist vergebens.

- Sie haben schwere Geldprobleme. Ihr Chef zahlt Ihnen zu wenig und die Preise sind zu hoch. Unmöglich, da raus zu kommen. Vielleicht, wenn Sie im Lotto gewännen oder der Chef eine Gehaltserhöhung lockermachen würde ... Aber Sie können nur noch abwarten, sind am Ende Ihres Lateins.

Aber gibt es nicht immer eine Möglichkeit, die Situation zu verbessern? Auch, wenn es nicht die endgültige Lösung eines Problems ist - es gibt immer eine Chance, das Problem ein klein wenig zu verkleinern. Und im nächsten Schritt wird es vielleicht wieder ein bisschen kleiner und dann noch kleiner.

Wenn Sie an die Leistungsfähigkeit Ihres Gehirns denken, fällt es Ihnen bestimmt leicht zu erkennen, dass Ihr Unterbewusstsein immer einen Weg finden wird, um Ihre Situation zu verbessern. Wenn Sie ihm die Möglichkeit geben, an einem Problem zu arbeiten und ihm dann auch noch zuhören, findet sich immer eine Handlungsoption.

Wenn Sie viele Fehlschläge einstecken mussten und sich oft in Situationen befanden, in denen Sie keinen Ausweg sahen, haben sich Denkmuster des Ausgeliefertseins in Ihrem Unterbewusstsein festgesetzt. Sie reagieren dann auf Probleme wie die Hunde der 2. Gruppe: Sie denken bewusst oder unterbewusst: *„Ich habe es damals nicht geschafft, mein Handeln ist zwecklos. Diesmal ist es ganz genauso. Wenn sich die äußeren Umstände nicht ändern, wird das Problem bleiben. Ich kann nichts tun."*

Wenn Sie in einer solchen Problem-Trance sind, sich also derart auf das Problem fokussiert haben, dass Sie nichts anderes mehr wahrnehmen, können Sie keine Lösungsmöglichkeiten mehr erkennen. Deshalb ist ein erster, wichtiger Schritt zum Erfolg, aus dieser Problem-Trance herauszukommen.

In diesem Buch erlernen Sie Mentaltechniken, die Sie in kurzer Zeit aus dieser Problem-Trance herausziehen. Sie werden die Überzeugung aufbauen, dass Sie mit allem fertig werden können. Dass Sie lösungsorientiert sind. Dass Sie mit der Kraft Ihres Supercomputers immer einen Weg finden, die Dinge zu verbessern. Dann werden Sie so handeln, wie die Hunde aus der ersten Gruppe: Sie haben schon einige Schlachten geschlagen, oft war es hart. Aber Sie haben gelernt, dass es immer einen Weg gibt. Dass es immer eine Möglichkeit gibt, die eigene Situation wenigstens ein bisschen zu verbessern. Nicht das „ob", sondern das „wie" wird dann ihr Denken bestimmen.

Bevor Sie jetzt weiterlesen, nehmen Sie sich, wenn Sie möchten, 5 oder 10 Minuten, um zu überlegen, ob die Erkenntnisse aus diesem Kapitel vielleicht auch für Sie wertvoll sind. Sie können es sich erlauben, einmal ganz objektiv auf Ihr Leben zu schauen und Dinge wahrzunehmen, die bisher vielleicht eher im Hintergrund verborgen geblieben sind. Es ist oftmals einfacher als man denkt, zuzulassen, dass man bewusst diejenigen Denkmuster erkennt, die einem bisher die Lösung von Problemen schwer gemacht haben. Es ist dabei gar nicht wichtig, sofort Lösungsansätze zu entwickeln. Ihr Unterbewusstsein arbeitet bereits in diesem Moment, in dem Sie diese Zeilen lesen, an einer Lösung. Lassen Sie sich überraschen und achten Sie in den nächsten Stunden oder Tagen auf Geistesblitze.

DIE SCHATZINSEL-METHODE

„DA IST JA EIN GORILLA! ABER WAS HAT DAS MIT MEINEM PROBLEM ZU TUN?"

© Marika / pixelio.de

Wenn Sie sich auf ein Problem konzentrieren und sehr viel Energie darauf richten, werden Sie nichts anderes mehr sehen außer genau diesem Problem. Doch wie kommt es dazu, dass wir oftmals derart in eine Sache verstrickt sind, dass wir nichts anderes mehr wahrnehmen?

Es hat mit der Aufteilung unseres Ichs in Bewusstsein und Unterbewusstsein zu tun. Wenn wir sagen: *„Ich sehe vor lauter Problemen nichts anderes mehr!"*, meinen wir eigentlich *„In meinem Bewusstsein kommt nichts anderes mehr an."* Ihr Unterbewusstsein hingegen, dieser Superrechner, nimmt alles wahr: Der gesamte Datenstrom Ihrer Sinne strömt in das Unterbewusstsein und wird dort verarbeitet.

Das ist ein guter Mechanismus. Die Leistungsfähigkeit unseres Bewusstseins fällt im Vergleich zum Potenzial des Unterbewusstseins geradezu jämmerlich aus. Dies ist normalerweise kein Problem: Das Bewusstsein soll nicht arbeiten, sondern entscheiden. Genauso wie ein Kapitän auf der Brücke seines Schiffes steht und Entscheidungen trifft, anstatt im Maschinenraum mit einem öligen Lappen die Maschinen zu putzen.

Um Entscheidungen treffen zu können, müssen wir uns auf eine Sache konzentrieren. Würde der gesamte Datenstrom an Empfindungen ungefiltert in Ihr Bewusstsein gelangen, wäre das in etwa so:

Die Crew eines Schiffes sammelt sich auf der Kommandobrücke und diskutiert lauthals über technische Daten, Maschinenteile, Wartung, Leistungsmerkmale, etc. Es geht kreuz und quer, jeder redet mit jedem. Kann der Kapitän in dieser Situation klare Entscheidungen treffen und sein Schiff führen? Wahrscheinlich nicht. Er wird die Matrosen wieder unter Deck jagen, damit er sich auf das Wesentliche konzentrieren kann.

Es ist also praktisch, dass uns unser Unterbewusstsein viele Daten vorenthält. In unserer bewussten Wahrnehmung sehen wir dann nur noch die Dinge, die uns derzeit beschäftigen, die relevant für uns sind.

Hierzu habe ich einen Versuch für Sie recherchiert. Sein eindrucksvoller Name: *„Gorillas in unserer Mitte"*. Er wurde von den Wissenschaftlern Simons und Chabris 1999 an der Universität Illinois durchgeführt. Bei diesem Experiment wurden zum Glück mal keine Tiere als Versuchsobjekte benutzt.

Simons und Chabris drehten zunächst ein Video. In der 75-sekündigen Sequenz sind zwei vierköpfige Teams zu sehen, die Basketball spielen. Ein Team ist in Weiß gekleidet, das andere in Schwarz. Die Teams dribbeln, werfen sich den Ball zu und bewegen sich über das Spielfeld.

Nach 45 Sekunden passiert etwas Unerwartetes: Eine Person in einem schwarzen Gorillakostüm läuft von links nach rechts durchs Bild. In der Mitte des Spielfelds bleibt der „Gorilla" stehen und trommelt sich mehrmals mit den Fäusten auf die Brust. Dann läuft er aus dem Bild heraus.

Nun stellten die Versuchsleiter eine Gruppe von Versuchspersonen zusammen. Die Probanden setzten sich vor einen großen Monitor und sahen das Video. Vorher erhielten sie folgende Aufgabe: *„Schauen Sie sich das Video an. Sie sehen dort eine weiße und schwarze Mannschaft beim Basketballspiel. Zählen Sie alle Pässe der weißen Mannschaft."*

Nach dem Ende des Videos schrieben die Versuchspersonen ihre Ergebnisse auf. Die meisten von Ihnen hatten, wie zu erwarten, richtig mitgezählt.

Doch im Anschluss wurden den Versuchspersonen der Reihe nach weitere Fragen gestellt:

- *„Ist Ihnen beim Zählen etwas Ungewöhnliches aufgefallen?"*
- *„Haben Sie noch etwas anderes außer den acht Spielern bemerkt?"*
- *„Ist noch jemand anderes im Video aufgetreten?"*
- *„Haben Sie einen Gorilla durch das Bild gehen sehen?"*

Die Antworten sind erstaunlich: Nur 27 von 100 Personen haben den Gorilla bemerkt! Aber wie kann das sein? Wie kann jemand so etwas Außergewöhnliches wie einen Gorilla übersehen? Die Antwort lautet: durch selektive Wahrnehmung.

Die Personen hatten sich auf das Zählen der Pässe des weißen Teams konzentriert. Die Spieler bewegten sich und es erforderte einige Mühe, dem schnell von Spieler zu Spieler wechselndem Ball zu folgen. Das Bewusstsein hatte die Aufgabe des Zählens in das Zentrum seiner Aufmerksamkeit gestellt.

Das Unterbewusstsein erkannte diese Konzentration der Aufmerksamkeit und wollte seinen Teil zur Lösung der Aufgabe beitragen: Es hielt alles, was die Aufmerksamkeit stören könnte, vom Bewusstsein fern. Die Information *„Da ist ja ein Gorilla!"* wurde vom Unterbewusstsein gar nicht an das Bewusstsein weitergeleitet, da dies nicht zu dem gehörte, was es gerade beschäftige.

Doch das Experiment hat noch eine weitere Entwicklung genommen: Es wurde eine neue Versuchsgruppe gebildet. Diese erhielt die gleiche Aufgabe mit einem wichtigen Unterschied: Sie sollten nun die Pässe des schwarzen Teams zählen.

Hier erkannten immerhin 58 von 100 Personen den Gorilla. Doch was hat die Farbe der Trikots damit zu tun? Das Bewusstsein konzentrierte sich auf die schwarzen Spieler. Der Gorilla mit seinem schwarzen Fell ähnelte den schwarz gekleideten Spielern. Dies bestätigt einen Grundsatz der selektiven Wahrnehmung: Je ähnlicher etwas mit dem ist, was gerade im Zentrum der Aufmerksamkeit ist, desto höher ist die Wahrscheinlichkeit, dass wir es bewusst erkennen.

DIE SCHATZINSEL-METHODE

ENTDECKT! DIE LEBENSFORMEL. AB JETZT VERSTEHEN SIE, WIE DAS LEBEN FUNKTIONIERT

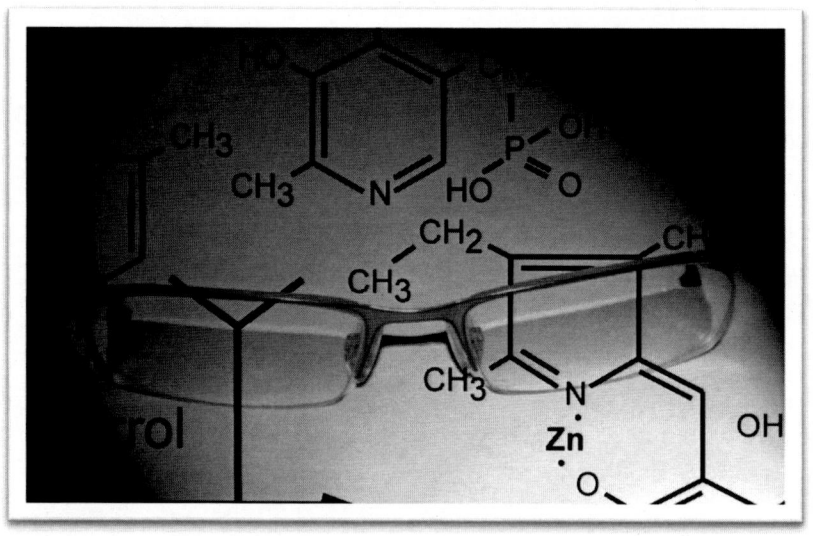

© Thomas Kölsch / pixelio.de

GLÜCK - ERFOLG - SELBSTSICHERHEIT

Eine Lebensformel? Klingt nach einer mindestens 20 Tafeln langen, mathematisch-kryptischen Formel mit zahlreichen unbekannten Symbolen. Glücklicherweise ist die Weltformel viel einfache als beispielsweise die Berechnung einer Satellitenlaufbahn. Sie ist sogar einfacher als ein schlichter Dreisatz: Sie umfasst gerade einmal drei Wörter.

Diese drei Wörter zu kennen und zu verinnerlichen, ist ganz sicher eines der wichtigsten Dinge, die Sie tun können, um Ihre Ziele zu erreichen. Lehnen Sie sich innerlich zurück um sich in einen für Sie optimalen mentalen Lernzustand zu begeben. Nach und nach werden Sie, da Sie ab jetzt vielleicht im Alltag häufiger darauf achten, wie sich die Formel in Ihrem Leben verwirklicht, mehr und mehr verstehen, dass diese Formel möglicherweise das letzte fehlende Element war, das Ihnen auf dem Weg zu Glück und Erfolg noch fehlte.

Die Formel eröffnet den Zugang zu einer ganz neuen Sichtweise. Und vor allen Dingen zu einer ganz neuen Selbstwahrnehmung. Dabei ist sie so einfach – genau diese Schlichtheit macht sie so mächtig.

Zunächst möchte ich aber auf die selektive Wahrnehmung zurückkommen – sie hat viel mit der Lebensformel zu tun.

Die selektive Wahrnehmung beeinflusst sehr stark, was wir von der Welt sehen. Der immense Datenstrom, der von außen auf uns einprasselt, wird vom Unterbewusstsein vorsortiert. Wenn Sie sich gerade intensiv und emotional mit einer Sache beschäftigen, häufig an sie denken oder von ihr sprechen, geht Ihr Unterbewusstsein davon aus, dass Ihnen diese Sache sehr wichtig ist. Es will dem Bewusstsein dann mehr Informationen über diese Sache beschaffen.

Alles, was nicht dazu passt, wird gnadenlos aussortiert. Je stärker eine Sache emotional aufgeladen ist, desto mehr tendiert das Gehirn dazu, alles andere auszublenden.

Ein Beispiel: Sie haben ein neues Hobby entdeckt. Das Skifahren. Plötzlich fällt Ihnen auf, dass es in den Zeitungen und Journalen jede Menge Berichte über das Skifahren gibt. Ihnen fällt auch auf, das Skifahren scheinbar viel öfter als vorher im Fernsehen übertragen wird. Und in vielen Läden wird entsprechendes Zubehör angeboten. Und was noch merkwürdiger ist: Viele Leute unterhalten sich plötzlich über diesen Sport. Selbst in Ihrem Bekanntenkreis. Sie wussten bisher gar nicht, dass es dort auch Skifreunde gibt. Es scheint, als hätten nicht nur Sie dieses Hobby neu entdeckt, sondern die ganze Welt mit Ihnen.

Dies ist selektive Wahrnehmung: Skifahren ist in Ihren Blickpunkt gerückt. Also hat Ihr Unterbewusstsein Ihnen mehr Informationen dazu beschafft. Auch vorher war das Skifahren weit verbreitet und viele Ihrer Bekannten haben darüber gesprochen. Sie haben es nur nicht wahrgenommen, weil Ihr Unterbewusstsein diesen Dingen einfach keine Bedeutung beimaß.

Oder: Sie sind in einer Bücherei und suchen ein bestimmtes Buch. Sie wissen, wie es aussieht, und stellen es sich vor Ihrem inneren Auge vor. Dann gehen Sie an den Bücherregalen vorbei und lassen Ihren Blick an den Buchreihen entlang gleiten. Irgendwann macht es plötzlich „Klick!" und Ihre Augen fokussieren automatisch auf das gesuchte Buch.

Fragt Sie dann jemand, welche anderen Bücher Sie gesehen haben oder welche anderen Personen in der Bücherei umherliefen, werden Sie mit den Achseln zucken. Sie haben Ihre Aufmerksamkeit auf ein bestimmtes Buch gerichtet und das Unterbewusstsein hat alle anderen Informationen herausgefiltert.

Stellen Sie sich vor, Sie würden sich nicht auf Skifahren oder ein bestimmtes Buch konzentrieren, sondern auf Schulden, Krankheit, Eheprobleme oder Arbeitslosigkeit: Themen, die mit sehr starken Emotionen verbunden sind. Gerade das verstärkt den Effekt der selektiven Wahrnehmung: Ihr Unterbewusstsein glaubt, dass Ihnen dieses Thema besonders am Herzen liegt und sucht gezielt danach, während es alles andere herausfiltert.

Wenn Sie Eheprobleme haben, darüber grübeln und gleichzeitig noch negative Denkmuster haben wie: *"Jede Ehe bricht früher oder später auseinander"*, wird Ihr Unterbewusstsein Sie ständig mit Informationen versorgen, die genau das bestätigen. Alles andere wird ausgeblendet.

Ein zweideutiger Kommentar ihres Ehepartners, eine Bemerkung eines Freundes oder der Wunsch des Ehepartners, einen Abend allein zu verbringen, werden sofort als Beweis für das Scheitern der Ehe aufgefasst. Die vielen Freunde, die ihnen bestätigen, was für ein tolles Paar Sie beide sind, nehmen Sie gar nicht wahr oder werten ihre Kommentare ab. Auch die 1000 netten Worte, die Unzahl an kleinen Liebesbeweisen Ihres Partners werden ausgefiltert.

Durch die selektive Wahrnehmung erhalten Sie ein stark verzerrtes Bild. Wenn Sie Ihr Handeln nach diesem Bild ausrichten, werden Sie eine Menge falscher Dinge tun. Wenn Sie die falschen Dinge tun bekommen Sie die falschen Ergebnisse.

Sie bekommen immer mehr von dem, was im Zentrum Ihrer Aufmerksamkeit steht. Deshalb ist es wichtig, sich auf die positiven Dinge zu konzentrieren. Wenn Sie ein bestimmtes Problem haben, suchen Sie bewusst nach den Dingen, die gut funktionieren. Wenn Sie mit Ihrer Arbeit unzufrieden sind, konzentrieren Sie sich auf die Dinge Ihres Arbeitsalltags, die Ihnen Freude bereiten.

Wenn wir jedoch von Problemen eingenommen sind, ist es schwierig, weg vom Problem und hin zur Lösung zu kommen. Denn das Heimtückische ist ja gerade, dass wir nur noch das Problem und nichts anderes sehen. Wir müssen eine starke Selbstdisziplin entwickeln, um die Macht über unsere eigenen Gedanken zurückzuholen. Hier bietet sich eine kleine aber wirkungsvolle Meditationsübung an. Sie werden Sie bald selbst mit Erfolg anwenden.

DIE SCHATZINSEL-METHODE

Das Leben dieser Frau hat neben vielen schönen Seiten auch einige wenige schlechte Aspekte

Sie nimmt ihr Leben selektiv wahr. Das hier unten kommt in ihrem Bewusstsein an:

Kommen wir nun zur Lebensformel zurück. Lassen Sie sich nicht von ihrer Einfachheit abschrecken. Hinter diesen drei Wörtern steckt die Aufforderung, ab jetzt das Leben mit anderen Augen zu sehen.

Die Lebensformel lautet: Sehen-Tun-Empfangen. Oder kurz: das STE-Prinzip, STEP. Der berühmte Management-Trainer Stephen R. Covey hat diese Formel entdeckt und bekannt gemacht.

Das Prinzip ist einfach: Wie Sie die Welt sehen, beeinflusst, was Sie tun. Was Sie tun, bestimmt, was Sie empfangen. Was Sie an Erfahrungen, Erlebnissen oder materiellen Gütern empfangen, wirkt sich wiederum darauf aus, wie Sie die Welt sehen. Der Kreislauf geht von vorne los. Wenn wir demnach die Art und Weise, wie wir die Welt sehen, verändern, ändert sich damit auch alles andere.

Das ist einfach. Deshalb ist das Prinzip so stark.

Unser Inneres bestimmt, wie wir die äußeren Bedingungen unseres Lebens wahrnehmen. Unsere Wahrnehmung der Welt ist also vor allen Dingen ein Spiegelbild unseres Unterbewusstseins. Wenn wir Veränderungen der äußeren Welt bewirken wollen, müssen wir deshalb immer im Inneren ansetzen. Sie würden ja auch nicht auf die Idee kommen, Ihrem Spiegelbild die Haare zu kämmen.

Vielleicht werden Sie zukünftig in Ihrem Alltag oder auch bei besonderen Anlässen hin und wieder an die Lebensformel denken und überlegen, inwieweit Sie gerade jetzt in diesem Moment durch die Veränderung Ihrer Sichtweise eine nachhaltige, positive Veränderung herbeiführen. Mit jedem Mal, mit dem Sie bewusst Ihre Sichtweise verändern, stärken Sie Ihren Willen und formen die Zukunft nach Ihren Vorstellungen. Dabei ist es nicht notwendig daran zu glauben, dass die Formel auch tatsächlich stimmt. Sie wirkt auch ohne einen starken Glauben an ihre Wirksamkeit. Benutzen Sie sie einfach hin und wieder und nehmen Sie war, was alles passiert.

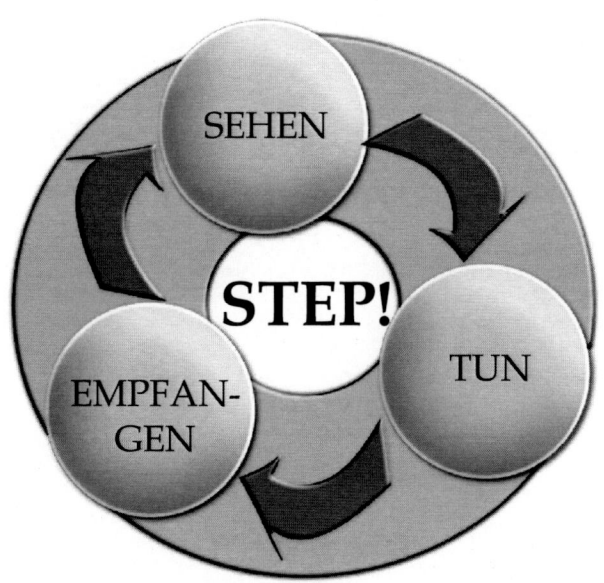

DIE SCHATZINSEL-METHODE

WERDEN SIE EIN "MILLIONÄR DES GLÜCKS!" - INVESTITION: 15 MINUTEN TÄGLICH, EINEN MONAT LANG

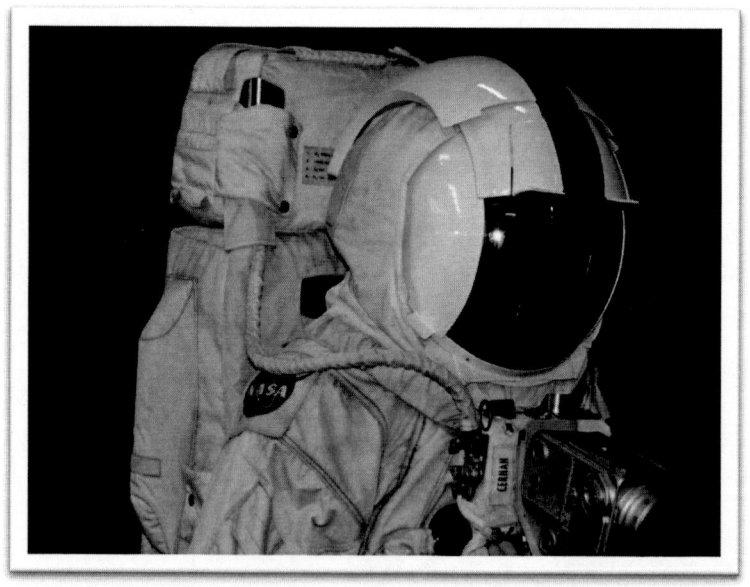

© Dieter Schütz/ pixelio.de

Die Überschrift hört sich kühn an. Nur einen Monat investieren? Aber es funktioniert immer. Bei jedem, der weiß, wie er sein Unterbewusstsein umprogrammieren kann. Darum geht es in diesem Buch: Sie werden in erprobte, extrem schlagkräftige Mentaltechniken eingeweiht.

Geben Sie den Techniken einen Monat Zeit. Arbeiten Sie in diesem Monat 15 Minuten täglich an Ihrem Erfolg. Sie werden die positiven Effekte DEUTLICH spüren.

Sie werden in drei Techniken mit Erfolg nutzen: die einfache Meditation, Affirmationen und die Schatzinsel-Methode.

Sie werden den Begriff Schatzinsel-Methode nirgendwo sonst finden. Diese Methode wird zum ersten Mal hier in diesem Buch veröffentlicht. Es handelt sich bei ihr um die geballte Kraft von speziellen, miteinander verbundenen und aufeinander abgestimmten Tools. Die Schatzinsel ist Ihr Rückzugsraum, in dem Sie sich stärken, Entscheidungen vorbereiten, Ballast abwerfen, die Zukunft vorbereiten und vieles mehr. Ich kenne keine Mentaltechnik, die eine ähnlich verblüffende Wirkung erzeugt.

Wenn Sie die Übungen konsequent einen Monat lang gemacht haben, werden Sie nach dieser Zeit bereits erstaunliche Erfolge verbucht haben. Diese Erfolge geben den Mentaltechniken recht. Das Einzige, was Sie tun müssen, ist einen Monat lang regelmäßig zu üben.

Die Übungen werden nicht viel Zeit kosten. Wenn Sie eine Viertelstunde am Tag investieren, ist das in Ordnung. Wenn Sie eine halbe Stunde pro Tag investieren, werden sie so schnell Erfolge produzieren, dass es unheimlich ist.

Mit den Mentaltechniken verändern Sie Ihr Unterbewusstsein und bringen es auf Erfolgskurs. Derzeit schwirren in Ihrem Unterbewusstsein eine Menge alter, negativer Gedankenkonstrukte herum. Vielleicht verhindern genau diese alten Denkmuster, dass Sie Ihre Ziele erreichen.

DIE SCHATZINSEL-METHODE

Wir müssen diese Denkmuster um 180° drehen. Dafür brauchen wir einen Monat. Hierzu berichtet der Unternehmer und Coach John Assaraf in seinem sehr lesenswerten Buch "The Answer" von einem sehr interessanten Experiment, das die NASA durchgeführt hat.

Eigentlich war diese Untersuchung dazu gedacht, festzustellen, wie sich der permanente Stress einer Weltraumfahrt auf Astronauten auswirkt. Als künstlichen Stressfaktor mussten die Versuchspersonen, allesamt Astronauten, eine Brille aufsetzen. Dies war jedoch keine normale Brille.

Die Brille bestand aus einer Kamera an der Außen- und einem Display an der Innenseite. Das Bild, das die Kameras aufnahmen, wurde um 180° gedreht. Die Versuchspersonen, die durch die Brille schauten, sahen also alles um 180° gedreht. Ihre Welt war im wahrsten Sinne des Wortes auf den Kopf gestellt.

Die Brille konnte von den Versuchspersonen nicht abgesetzt werden. Sie musste getragen werden, selbst, wenn die Probanden sich schlafen legten. Die Versuchspersonen zeigten genau die Reaktionen, die man erwartet hatte: der Blutdruck erhöhte sich, der Puls wurde schneller und andere Stresssymptome traten auf.

Nach 26 Tagen jedoch geschah etwas völlig Unerwartetes: Eine der Versuchspersonen sah plötzlich wieder richtig herum! Der Astronaut hatte seine Brille jedoch nicht abgenommen. Trotzdem konnte er wieder normal sehen. In den folgenden Tagen geschah dies auch bei allen anderen Versuchspersonen. Nach 30 Tagen konnten sie alle wieder richtig herum sehen.

Alle hatten noch die Brillen auf und daher hätte ihre Welt auf dem Kopf stehen müssen. Doch das Unterbewusstsein hatte sich in diesen 30 Tagen vollständig an die neue Situation angepasst. Stellen Sie sich vor, welche Arbeit in den neuronalen Netzwerken stattgefunden haben muss.

Das Gehirn hatte es geschafft, sich in 30 Tagen komplett neu zu strukturieren. Diese 30 Tage können wir als Anhalt für unsere Kursänderung Richtung Erfolg nehmen. Dieser Zeitraum hat sich vielfach bewährt und bestätigt.

In den Folgejahren wurde das NASA-Experiment übrigens wiederholt. Diesmal allerdings mit einigen Abweichungen: In regelmäßigen Abständen durften die Versuchspersonen ihre Brille eine kurze Zeit lang abnehmen.

Das Ergebnis: Die Dauer, bis die Versuchspersonen wieder richtig herum sehen konnten, verlängerte sich teilweise beträchtlich. Wir können hieran erkennen, wie wichtig es ist, unsere Mentaltechniken täglich durchzuführen und unseren alten, negativen Gedanken keinen Raum mehr zu geben.

DIE SCHATZINSEL-METHODE

15.000 NEGATIVE GEDANKEN TÄGLICH ZERMÜRBEN AUF DAUER JEDEN - GÖNNEN SIE SICH LIEBER RECHTZEITIG EINE ENERGIEDUSCHE

© sassi / pixelio.de

Hochrechnungen besagen, dass der Mensch durchschnittlich 40.000 - 60.000 Gedanken pro Tag hat. Davon sind 3 % positive, aufbauende Gedanken. 25 % hingegen sind destruktive Gedanken, die ungewünschte Bahnungen im Unterbewusstsein erzeugen. Die anderen 72 % der Gedanken sind neutrale, alltägliche oder belanglose Gedanken.

40.000-60.000 Gedanken sind ganz schön viel. Vor allen Dingen sind 10.000 - 15.000 negative Gedanken am Tag ein ganz schöner (oder eher unschöner) Batzen. Das Problem an der Sache ist, dass wir diese Vielzahl an Gedanken nicht bewusst erzeugen. Gedanken kommen ohne Einladung.

Meditation leistet hier unverzichtbare Dienste. Wie können zwei verschiedene „Muskeln" mit Meditation trainieren: Erstens können wir die Häufigkeit, mit der ablenkende, negative Gedanken auftauchen, senken. Zweitens können wir die Wachsamkeit unseres Bewusstseins trainieren, sodass es Störungen, z. B. durch einen einströmenden Gedanken, möglichst schnell erkennt. Wir können dann den störenden Gedanken ziehen lassen und verhindern, dass schlechte Gedanken uns nach und nach in eine negative Grundstimmung ziehen.

Meditation stärkt also unser Bewusstsein. Wir trainieren unsere Achtsamkeit. Wir erkennen, welche Informationen uns gerade vom Unterbewusstsein zugespielt werden und gewinnen die Entscheidungsfreiheit, diesen Informationen Aufmerksamkeit zu schenken oder eben nicht.

Meditation gibt es in vielen Ausprägungen und Formen. Vielleicht denken Sie an Mönche, die stundenlang auf einer Säule sitzen und meditieren. Oder Sie denken an indische Fakire, die durch Meditation ihren Körper von Schmerz befreien und über glühende Kohlen laufen können. Dies alles sind Beweise für die unglaubliche Kraft von Meditation.

Wir beschränken uns allerdings auf eine ganz einfache Meditation. Sie müssen also nicht befürchten, dass Sie plötzlich anfangen zu schweben oder das Bedürfnis verspüren, über glühende Kohlen zu laufen.

Meditation ist eine Übung, mit der wir unseren Geist beruhigen. Wir wollen Stille erzeugen. Um Stille in uns zu erzeugen, ist es sehr hilfreich, wenn um uns herum ebenfalls Stille herrscht. Suchen Sie sich einen ruhigen Ort, an dem Sie ungestört sind. Es sollte ein Ort sein, an dem Sie sich wohlfühlen und ein sicheres Gefühl haben. Schlafzimmer oder Wohnzimmer eignen sich dafür.

Sie brauchen wirklich Ruhe. Niemand sollte Sie stören. Schwören Sie also Ihre Familie darauf ein, dass Sie keinesfalls in den nächsten 5 oder 10 Minuten gestört werden.

Ideal wäre eine Zeit, zu der Sie alleine zu Hause sind. Falls es sich einrichten lässt, machen Sie die Übungen immer zum gleichen Zeitpunkt und am gleichen Ort: Dies schafft ein vertrautes Gefühl und steigert die Wirkung der Meditation.

Wenn Sie einen Ort gefunden haben, dann setzen Sie sich in eine bequeme Position. Keine Sorge, es ist nicht notwendig, dass Sie im Schneidersitz hocken. Es gibt viele Möglichkeiten, wie wir sitzen können.

Es gibt nur zwei Bedingungen, die Sie einhalten sollten: Erstens muss Ihre Art zu sitzen so bequem sein, dass Sie für 5 oder 10 Minuten schmerzfrei sitzen können, ohne sich dauernd bewegen zu müssen. Zweitens sollten Sie Ihren Rücken nicht anlehnen. Wenn sie Ihren Rücken anlehnen, sackt Ihr Körper in sich zusammen und Sie laufen in Gefahr, einzuschlafen. Wir wollen aber nicht schlafen, sondernd das Gegenteil: Unsere Aufmerksamkeit stärken.

Halten Sie Ihren Rücken gerade und finden Sie eine Balance, sodass es nur wenig Kraft kostet, sich aufrecht zu halten. Für mich haben sich zwei Sitzarten bewährt. Entweder knie ich mich auf den Boden oder ich setze mich auf einen Stuhl ganz vorne an die Kante. In beiden Fällen lege ich die Hände mit den Handflächen nach unten auf meine Knie. Wenn Sie sich für das Sitzen auf einem Stuhl entscheiden, achten Sie darauf, dass Ihre Beine im rechten Winkel angewinkelt sind und die Füße vollständigen Kontakt mit dem Boden haben.

Sie sollten beim Meditieren bequeme Kleidung tragen. Ideal ist ein Sportanzug oder ein Pyjama. Wenn Sie keine Möglichkeit haben, sich umzuziehen, weil sie zum Beispiel in der Arbeit in der Mittagspause meditieren wollen, öffnen Sie wenigstens den Gürtel. Außerdem empfehle ich Ihnen, die Schuhe auszuziehen.

Wenn Sie eine bequeme Sitzposition gefunden haben, schließen Sie die Augen. Wir wollen unsere Aufmerksamkeit während der Phase der Meditation nach innen richten. Richten Sie Ihren Fokus zunächst auf Ihren Körper. Wandern Sie mit Ihrer Aufmerksamkeit durch den Körper und schauen Sie, welche Empfindungen es dort zu spüren gibt.

Fangen Sie bei den Füßen an. Wie fühlt sich der Untergrund an, auf dem die Füße ruhen? Sind die Muskeln in den Füßen angespannt? Bringen Sie Ihre Aufmerksamkeit langsam in die Beine. Spüren Sie irgendwelche Verspannungen oder ein Jucken?

Lassen sie Ihre Aufmerksamkeit nach oben wandern. Spüren Sie nach, wie es sich anfühlt zu sitzen. Wandern sie den Rücken hinauf. Empfinden Sie es als anstrengend, den Rücken in Balance zu halten? Sind Ihre Schultern angespannt?

Wenn Sie Verspannungen spüren, spannen Sie die Muskeln in diesem Bereich einmal leicht an und lassen Sie die Anspannung dann gehen. Beachten Sie die Verspannungen nicht weiter. Sie gehen meistens von selbst.

Widmen Sie sich nun Ihrem Kopf. Wie fühlt sich Ihr Kopf an? Spüren Sie einen leichten Kopfschmerz? Oder einen Druck? Widmen Sie all diesen Empfindungen kurz Ihre Aufmerksamkeit und gehen Sie dann weiter.

DIE SCHATZINSEL-METHODE

Diese erste Phase, in der wir unsere Aufmerksamkeit auf unseren eigenen Körper richten, muss nicht besonders lange dauern. Eine oder zwei Minuten reichen vollkommen aus.

Wenn Sie ihre Aufmerksamkeit einmal vollständig über Ihren Körper wandern gelassen haben, folgt die zweite Phase der Meditation: Konzentrieren Sie Ihre Aufmerksamkeit ganz auf Ihren Atem. Atmen Sie wie gewohnt weiter. Verändern Sie Ihren Atemrhythmus nicht. Beobachten Sie einfach nur, wie der Atem kommt und geht.

Versuchen Sie, Ihrem Einatmen hinterher zu spüren: Wo spüren Sie den Atem? Ist es vielleicht eine angenehme Kühle in der Nase? Spüren Sie, wie die Luft durch die Luftröhre gesogen wird? Sicher spüren Sie, wie Ihre Bauchdecke sich nach oben wölbt, während sich das Zwerchfell nach unten ausdehnt. Verfolgen Sie nun mit derselben Aufmerksamkeit auch das Ausatmen. Konzentrieren Sie sich ganz auf die körperlichen Empfindungen, die der Atemfluss auslöst.

Sie stellen vielleicht fest, dass Ihre Gedanken gelegentlich abwandern: Vielleicht fragen Sie sich plötzlich, ob Sie das alles überhaupt richtig machen. Oder Sie überlegen, ob Meditation Sinn macht oder doch nur fauler Zauber ist. Vielleicht denken Sie auch an Ihren Job, den Streit mit dem Partner, den Urlaub ...

Wenn sie sich dabei ertappen, dass Ihre Gedanken abwandern, schmunzeln Sie einfach darüber. Fangen Sie nicht an zu denken: *"Mist, jetzt bin ich schon wieder abgewandert. Ich kann mich nicht konzentrieren!"* Erstens wäre dieser Gedanke bereits die nächste Abwanderung und außerdem graben sich solche Sätze in das Unterbewusstsein ein, wie Sie wissen.

Wenn ein Gedanke in Ihnen aufsteigt und Sie merken, dass sich Ihre Aufmerksamkeit auf ihn gerichtet hat, dann begrüßen Sie ihn herzlich. Versuchen Sie nicht, ihn mit Gewalt wegzudrücken. Es wird Ihnen nicht gelingen. Der Gedanke kommt aus Ihrem Unterbewusstsein und das Unterbewusstsein lässt sich nicht einfach wegdrücken.

Geben Sie dem Gedanken Raum, sich zu entfalten. Begrüßen Sie ihn und geben Sie ihm einen Namen. So könnten Sie beispielsweise denken, wenn Ihnen das Bild des gestrigen Picknicks kommt: "*Hallo Gedanke, dich nenne ich 'Picknick'*"! Wiederholen sie dann gedanklich mehrmals seinen Namen: "*Picknick, Picknick, Picknick*". Sie geben dem Gedanken damit Raum zur Entfaltung.

Das Unterbewusstsein erkennt dadurch, dass der Gedanke, den es Ihnen geschickt hat, angenommen wurde. Der Gedanke wird dadurch immer schwächer und schwächer. Nach einigen Sekunden können Sie sich wieder ganz auf Ihren Atem konzentrieren.

Möglicherweise kommen nicht nur Gedanken in Ihnen auf, sondern auch körperliche Empfindungen wie Schmerzen oder Juckreiz. Dadurch, dass wir unseren Geist beruhigen und nach dem Alltagsstress zur Ruhe kommen, werden wir sensibel für die Botschaften, die uns unser Körper mitteilen möchte.

Dies können Verspannungen sein, die zwar schon den ganzen Tag bestehen, die wir aber jetzt erst bemerken. Vielleicht ist es ein Juckreiz oder ein Druckgefühl im Kopf. Machen Sie hier dasselbe wie bei aufziehenden Gedanken: Richten Sie Ihre Aufmerksamkeit auf die körperliche Empfindung und spüren Sie sie so genau wie möglich.

Wo genau ist der Schmerz? In welche Richtungen strahlt er aus? Spüren Sie ihn für einen kurzen Moment lang ganz intensiv und geben Sie der körperlichen Empfindungen einen Namen: "*Jucken, Jucken, Jucken*" oder "*Verspannung, Verspannung, Verspannung*". Meistens lässt der Schmerz, nachdem er gehört worden ist, nach, und Sie können Ihre Konzentration wieder auf Ihren Atem richten. Auf diese Weise geht es weiter: Ihr Bewusstsein treibt ab, Sie bemerken es und konzentrieren sich wieder.

DIE SCHATZINSEL-METHODE

Es kann passieren, dass Sie während der Meditation intensive Emotionen wie Trauer, Hass oder Verzweiflung spüren. Wenn das der Fall ist, dann waren Sie in dieser Meditation sehr, sehr erfolgreich.

Viele Emotionen werden von uns verdrängt. Wir wollen sie nicht wahrhaben oder schämen uns für sie. Emotionen, denen wir keinen Raum zur Entfaltung geben, können sich auf Dauer negativ auf unsere Gesundheit auswirken: Wenn wir sie nicht hören, machen sie sich vielleicht irgendwann als körperliches Leiden bemerkbar.

Unser Alltag ist oftmals so laut und hektisch, dass unsere Emotionen keine Chance haben, zu uns durchzudringen. Sie kennen das sicher: Sie haben den ganzen Tag gearbeitet und kamen nicht zur Ruhe. Dann sind sie nach Hause gefahren durch den stressigen abendlichen Verkehr, sind vielleicht noch in einem überfüllten Supermarkt einkaufen gegangen und haben sich dann vor den Fernseher gesetzt, wo Sie immer noch nicht zur Ruhe kamen. Nach dem Fernsehen fielen Sie dann erschöpft ins Bett und schliefen ein, bevor Sie die Chance hatten, Ihrem Körper zuzuhören.

All diese Dinge, die wir im Alltag nicht wahrnehmen, können während der Meditation in unser Bewusstsein gelangen. Sie werden dann wahrgenommen und müssen sich nicht mehr durch Krankheiten oder andere körperliche Probleme Geltung verschaffen. Wenn Sie also starke Emotionen spüren, widmen Sie sich diesen Emotionen und benennen Sie sie: "*Wut, Wut, Wut*".

Wenn Sie das Gefühl haben, genug meditiert zu haben, öffnen Sie als Erstes die Augen und orientieren Sie sich im Raum. Richten Sie Ihre Aufmerksamkeit nach außen. Beginnen Sie langsam Ihre Arme und Beine zu bewegen. Atmen Sie tief ein und aus. Strecken Sie sich ein wenig und stehen Sie ganz langsam auf.

Sie müssen sich keine Gedanken machen, wenn Sie während der Meditation schwitzen oder wenn Ihr Puls etwas beschleunigt, sobald Sie die Meditation beenden. Dies sind völlig normale Reaktionen.

Am Anfang wird es Ihnen vielleicht schwerfallen, konzentriert bei Ihrem Atem zu bleiben. Machen Sie sich nichts daraus. Sie werden mit jedem Mal besser. Die Wahrheit ist, dass die meisten Menschen (mich eingeschlossen) es nicht schaffen, sich auch nur 1 Minute ausschließlich auf eine bestimmte Sache zu konzentrieren. Sie können also bereits auf kleine Fortschritte sehr stolz sein.

Lassen Sie sich vor allen Dingen nicht entmutigen. Ziehen Sie einfach Ihre fünf Minuten durch. Wir sind es nicht gewohnt, dass alles still ist und dass wir unsere Aufmerksamkeit nach innen richten. Es kann also durchaus sein, dass Ihnen diese fünf Minuten wie eine kleine Ewigkeit vorkommen. Das ist vollkommen in Ordnung.

Sie können die "Langeweile" sogar genießen. Sonst stöhnen wir immer, dass wir zu wenig Zeit haben. In der Meditation haben Sie die Chance, ein ganz anderes Zeitgefühl zu erleben: Sie werden nicht ständig durch Fernsehen, Radio, Werbung, Autos, Schaufenster oder andere Menschen abgelenkt.

Es gibt einige Menschen, die verlernt haben, Stille zu ertragen. Sollten sie dazugehören, kann es sein, dass Sie während der Meditation plötzlich aggressiv werden und den starken Wunsch verspüren, die Meditation sofort zu beenden und den Fernseher anzumachen.

Wenn Ihnen dies passiert, haben Sie eine enorme Chance auf Wachstum. Widmen Sie der aufsteigenden Aggression Ihre ganze Aufmerksamkeit und versuchen Sie sie so intensiv wie möglich zu empfinden.

Schon bald werden Ihnen diese 5 Minuten gar nicht mehr so lange vorkommen. Dann steigen sie auf 10 oder sogar 15 Minuten. 15 Minuten sind mehr als genug. Sie werden sich nach der Meditation nicht nur geistig, sondern auch körperlich erfrischt fühlen.

Machen Sie konsequent täglich einen Monat lang Ihre Meditationsübungen und Sie werden feststellen: Ihre Konzentrationsfähigkeit hat sich enorm gesteigert. Ihre Vorstellungskraft hat sich drastisch verbessert. Ihr Schlaf ist tiefer und erholsamer. Sie nehmen

Ihren Körper ganz anders war. Und Sie werden sehr viel ruhiger und ausgeglichener sein. Diese fünf oder zehn Minuten sind eine wahre Energiedusche.

Gerade für Anfänger gibt es sehr schöne Hilfsmittel, die den Einstieg erleichtern, z. B. CDs mit geführten Meditationen. Ein Sprecher begleitet Sie durch die verschiedenen Schritte. Das kann Ihnen den Anfang sehr erleichtern. Ich selbst habe meditieren gelernt mit dem Buch "Meditation für Anfänger" von Jack Kornfield. Das Buch beinhaltet eine CD mit sechs geführten Meditationen. Es ist sehr gut gelungen und absolut empfehlenswert. Ich habe mich bei dieser Anleitung hier zu einem großen Teil an seinen Vorgaben orientiert.

Es gibt viele geeignete Meditation-CDs im Handel. Vielleicht möchten Sie mal eine davon ausprobieren. Das sind 10 oder 20 Euro, die sich mehr als lohnen.

„Meditation bedeutet, bei allem, was man tut, völlig aufmerksam zu sein – beispielsweise darauf zu achten, wie man mit jemandem spricht, wie man geht, wie man denkt, was man denkt."
- Krishnamurti,
  das Licht in dir

GLÜCK - ERFOLG - SELBSTSICHERHEIT

DIE MEISTEN MENSCHEN SIND ERSCHÜTTERT, WENN SIE ERFAHREN: SIE WERFEN SICH TRETMINEN VOR DIE EIGENEN FÜSSE

© Thorben Wengert / pixelio.de

DIE SCHATZINSEL-METHODE

In diesem Kapitel geht es um Affirmation. Sie haben sicher schon einmal davon gehört. Immer mehr und mehr Menschen nutzen Affirmationen, um Ziele zu erreichen und sich selbst zu verändern. Affirmationen werden Ihnen eine einfache, praktische und vor allem wirkungsvolle Hilfe sein. Vorausgesetzt, Sie beachten ein paar einfache Regeln. In ein paar Minuten werden Sie genau wissen, wie Sie Affirmation einsetzen und was es dabei zu beachten gibt.

Doch was sind Affirmationen? Affirmation sind kurze, knackige und kräftige Sätze, die wir immer und immer wieder denken, visualisieren oder sprechen. Als wir über unser Unterbewusstsein sprachen, habe ich das Sehen-Tun-Empfangen-Prinzip erklärt. Die Lebensformel. Sie erinnern sich?

Die Art und Weise, wie Sie die Welt sehen, durch welche Brille Sie die Welt betrachten, bestimmt, wie Sie handeln. Was Sie tun bestimmt, was Sie von der Welt zurückbekommen. Das, was Sie vom Leben bekommen, beeinflusst wiederum stark, wie Sie die Welt sehen. Das kann eine Spirale nach unten, in ein unglückliches Leben, oder aber eine Spirale nach oben sein.

In diesem Kreislauf kommt dem Sehen eine besondere Bedeutung zu. Erinnern Sie sich an die selektive Wahrnehmung und denken Sie an den Gorilla: Das, was in Ihrem Leben derzeit keine Rolle spielt, wird herausgefiltert. Das hingegen, worauf Sie Ihre Aufmerksamkeit lenken, wird vom Unterbewusstsein gesucht und mit Kraft in Ihr Bewusstsein geschossen. Selektive Wahrnehmung ist ein Metalldetektor. Die Frage ist nur: Nutzen Sie den Metalldetektor um einen Schatz zu finden, oder eine Tretmine?

Die meisten von uns haben sich auf Tretminen spezialisiert. Denken Sie daran, dass 25 % der Gedanken negativ sind. Alles, was wir denken, sagen und tun hinterlässt Spuren in unserem Unterbewusstsein. Wie oft sagen wir folgende Sätze:

„Ich lebe in allen Bereichen im Überfluss"

- „Ich bin zu fett."
- „Ich habe einfach zu wenig Zeit!"
- „Ich bin nicht klug genug."
- „Ich hasse meinen Job."
- „Ich werde nie genug Geld haben."
- „Früher oder später passiert ein Unglück."
- „Mein Chef ist ein Idiot!"
- „Ich kann eben keine Vorträge halten."
- „Ich bin schüchtern. So bin ich halt."

Wenn wir alle unsere negativen Aussagen, die wir im Laufe unseres Tages denken oder sagen, zusammenfassen, stellen wir fest: Der (mentale) Ort, an dem wir uns gerade befinden, ist ziemlich traurig. Das ist vollkommen in Ordnung. Sie haben dieses Buch deswegen in die Hand genommen. Wir können uns nun darauf konzentrieren, Ihre Situation von Tag zu Tag zu verbessern. Schritt für Schritt werden Sie von Tag zu Tag besser und glücklicher, während Ihr Unterbewusstsein unermüdlich dafür arbeitet, dass Sie alle Ihre Ziele völlig mühelos erreichen.

DIE SCHATZINSEL-METHODE

WIE SIE ZIELE UND POSITIVE VERÄNDERUNGEN GANZ LEICHTFÜSSIG UND MÜHELOS ERREICHEN

© Kurt Michel / pixelio.de

Durch ein Bild ist es manchmal möglich Dinge zu begreifen, die mit bloßen Worten nur unzureichend erfasst werden können. Wenn Sie möchten, malen Sie vor Ihrem inneren Auge ein Bild, das Sie nach und nach zu mehr Klarheit führt und an das Sie ab jetzt häufiger denken, wenn Sie von Tag zu Tag immer mehr positive Gedanken erzeugen:

Stellen Sie sich eine Landschaft vor. In dieser Landschaft gibt es schöne und weniger schöne Gegenden. Sie befinden sich gerade an einer ziemlich öden, traurigen Stelle. An diesem Ort erleben Sie all diese negativen Aussagen, die wir eben aufgezählt haben.

Dieser unangenehme Ort ist markiert: Ein dicker, stabiler Holzpflock wurde dort neben Ihnen in die Erde gerammt. Jedes Mal, wenn Sie nun eine negative Aussage sprechen oder denken, passiert das hier: Sie nehmen ein elastisches Gummiband und knoten die eine Seite an den Holzpflock und die andere um Ihre Hüften.

Ein einziges Gummiband hält Sie nicht auf: Sie können den unangenehmen Ort verlassen, spüren einen kleinen Widerstand, den Sie leicht überwinden, und zack! das Gummiband ist gerissen. Sie sind frei und können gehen, wohin Sie wollen.

Das Problem ist: Mit jeder weiteren negativen Aussage kommt ein Gummiband hinzu. Jedes Gummiband steht für einen negativen Gedanken. Einige wenige Gummibänder können Sie spielend leicht zerreißen. Wird ihre Anzahl größer, ist vielleicht schon ein kleiner oder großer Kraftakt notwendig, um sich zu befreien. Doch was ist, wenn Tausende Gummibänder zusammenkommen?

Stellen Sie sich vor, Sie haben schon seit Jahren täglich wiederkehrend die gleichen negativen Gedanken gehabt wie zum Beispiel: *"Ich kann eben keine Vorträge halten"* oder *"Ich bin nicht gut genug"*. Dann sind Sie durch Tausende Gummibänder an diesen Ort gefesselt, an dem Sie eigentlich gar nicht sein wollen.

„Ich genieße jede Sekunde meines Lebens"

DIE SCHATZINSEL-METHODE

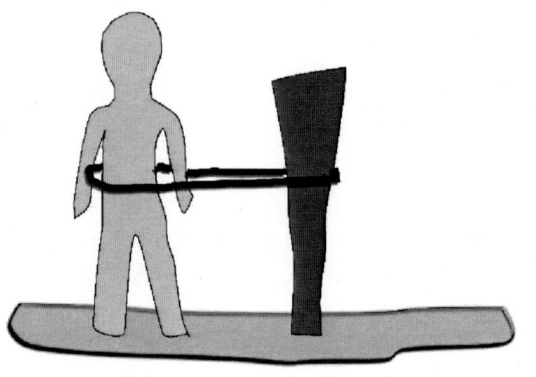

Irgendwann beschließen Sie vielleicht, sich einen Ruck zu geben doch einen Vortrag zu halten und geben sich alle Mühe. Um in unserem Bild zu bleiben: Sie wollen den Ort, an dem Sie mit den Bändern an den Pflock gefesselt sind, verlassen. Je weiter Sie sich vom Pflock entfernen, desto mehr Kraft müssen Sie aufwenden, weil die Bänder Sie zurück an den Pflock ziehen.

Die Gummibänder dehnen sich aus und Sie haben das Gefühl, ein wenig voranzukommen. Aber es kostet eine Menge Energie. Es ist so anstrengend, weil die vielen Gummibänder Sie beständig zurückziehen und Sie sich dagegen stemmen müssen.

Irgendwann ist der Druck zu groß, Ihre Kraft lässt nach und Sie werden mit großer Wucht zurück an den Holzpflock gezogen. Sie werden dann aufstehen, sich den Staub aus den Klamotten klopfen und sagen: "*Ich hab es doch gewusst, ich kann keine Vorträge halten. Am Anfang dachte ich, ich würde es hinkriegen. Aber dann so eine Schlappe! Das mache ich nie wieder!*" Und genau mit dieser Aussage haben Sie ein weiteres kräftiges Gummiband um sich und den Pflock gelegt.

Das Problem ist, dass Handeln allein nicht wirkungsvoll genug ist, um diese Gummibänder zu zerreißen. Wenn wir handeln, ohne vorher unser Unterbewusstsein vorbereitet zu haben und es dann zu einem Konflikt zwischen bewusstem Handeln und Unterbewusstsein kommt, wird das Unterbewusstsein immer gewinnen. Immer.

Ein Mensch glaubt, er sei schüchtern und unsicher. Dieser Glaubenssatz ist fest in seinem Unterbewusstsein gespeichert. Er hat nun ein Seminar über Körpersprache besucht und möchte sich ab jetzt betont selbstsicher und lässig geben.

Das Unterbewusstsein hat zu Selbstsicherheit und Lässigkeit jedoch überhaupt keine Vorstellung. Im Laufe seines Lebens hat sein Unterbewusstsein gelernt, dass er schüchtern und unsicher ist. Ihm fehlen deshalb hilfreiche Verknüpfungen in seinem Netzwerk.

Er kann daher höchstens kurzfristig einige kleine Erfolge erzielen. Langfristig gesehen wird ihn sein aufgesetztes Verhalten nicht weiter bringen: Wenn ein Verhalten kein Fundament im Unterbewusstsein hat, zerfällt es wie ein Kartenhaus, sobald es auf die Probe gestellt wird.

Bevor wir handeln, müssen wir unser Unterbewusstsein vorbereiten. Ein wunderbarer Weg, dies zu tun, sind Affirmationen. Gehen wir zurück zu unserem Bild mit dem Holzpflock und den Gummibändern. Anstatt nun einen weiteren Versuch zu unternehmen, gegen die Kraft der Gummibänder anzurennen, entscheiden Sie sich lieber für Affirmationen:

- *„Ich liebe es, vor vielen Menschen zu sprechen."*
- *„Ich rede und gestikuliere mit lässiger Selbstsicherheit."*
- *„Ich genieße es, im Mittelpunkt zu stehen."*

Und nun passiert es: Mit den Affirmationen legen Sie den Ort fest, an dem Sie sein wollen. Auf Ihrer Landschaft ist nun an diesem neuen, schöneren Ort ein Holzpflock in die Erde gerammt worden. Ihre Zielmarke. Dort wollen Sie hin, aber Sie hängen noch an dem alten Holzpflock fest.

Mit jedem Mal, wenn Sie ab jetzt eine positive Affirmation aussprechen,

„Ich bewege mich mit lässiger Selbstsicherheit"

lösen Sie eines der Gummibänder von dem alten Pflock ab und schleudern es wie ein Lasso um Ihre Hüfte und den neuen Holzpflock. Je öfter Sie das machen, desto spürbar geringer wird der Druck, der Sie an dem alten Pflock hält. Gleichzeitig bemerken Sie, wie Sie ganz automatisch durch die Kraft der neuen Bänder in die Richtung des Ziel-Pflocks gezogen werden. Sie stecken nicht einmal mehr viel Energie in Ihre Handlungen: Sie werden buchstäblich an den neuen Ort gezogen.

Am Anfang, wenn Sie Affirmationen nutzen, denken Sie vielleicht: *"Aber das ist doch eine Lüge, ich rede nicht gerne vor vielen Menschen. Warum sage ich das?!"* Es kann durchaus sein, dass Sie gelegentlich ein Gefühl der Verwirrung oder sogar Verärgerung spüren. Das ist nicht nur okay, sondern absolut erwünscht in Ihrem erfolgreichen Veränderungsprozess.

Um in unserem Bild zu bleiben: Es gibt eine Phase, in der werden Sie in zwei verschiedene Richtungen gezogen. Dies kann kurzfristig eine Belastung darstellen. Viele Menschen sind dann verwirrt oder lustlos und hören auf, Ihre Affirmationen anzuwenden.

Das ist jedoch sehr schade. Zum Glück machen Sie diesen Fehler nicht. Wenn Sie bei Ihren Affirmationen an einen Punkt kommen, an dem Sie plötzlich keine Lust mehr haben, verärgert sind oder die Methode langweilig oder nutzlos finden, sehen Sie das als Zeichen des Erfolgs an: Sie werden ab sofort immer mehr von Ihrem Ziel-Holzpflock angezogen, während die alten Gummibänder kurz davor sind, zu reißen.

Sie bleiben konsequent und souverän bei der Sache und Sie erleben, wie Sie nach und nach ganz automatisch und ohne Kraftakt an Ihr Ziel kommen. Ein chinesisches Sprichwort sagt: *"Wahres Können braucht keine Anstrengung."* Wir können das Sprichwort erweitern: *"Wahres Können hat sein Fundament im Unterbewusstsein."* Dieses Fundament können wir mit Affirmationen legen.

Falls Sie es nicht mehr abwarten können, Ihr Unterbewusstsein mit Affirmationen auf Touren zu bringen, nutzen Sie die Affirmationskarte zum Ausschneiden auf Seite 217. Sie enthält erprobte, äußerst wirkungsvolle Affirmationen, die Ihnen einen regelrechten Katapultstart verschaffen.

Vielleicht machen Sie sich Gedanken darüber, ob das alles, was ich Ihnen sage, auch tatsächlich stimmt. Vielleicht beruhigt es Sie, dass viele Menschen dieses Bild mit den Gummibändern aus eigener Lebenserfahrung bestätigen. Auf der anderen Seite können Sie Ihrer eigenen Urteilskraft vertrauen. Was haben Sie gedacht und gefühlt, als Sie sich dieses Bild vorgestellt haben? Haben Sie sich verstanden gefühlt? Ihre eigene Situation wiedererkannt?

Viele haben festgestellt, dass sich diejenigen Dinge als wahr herausgestellt haben, die mit einfachen Worten sowohl Herz als auch Kopf überzeugt haben und dass das Unterbewusstsein bereits in dieser frühen Phase damit anfing, die gewünschten positiven Veränderungen herbeizuführen.

„Ich genieße es im Mittelpunkt zu stehen"

MIT DIESEN EXKLUSIVEN HINWEISEN WIRD ES IHNEN GELINGEN EXTREM WIRKUNGSVOLLE AFFIRMATIONEN SELBST ZU ERSTELLEN

© Jens Bredehorn / pixelio.de

Tipp Nummer eins:

Verfassen Sie Ihre Affirmationen in der Gegenwart. Nicht: *"Ich werde glücklich sein"*, sondern: *"Ich bin glücklich"*. Denn die Aussage *"Ich werde glücklich sein"* beinhaltet auch die Feststellung, dass Sie es im Moment nicht sind. Es könnte also durchaus sein, dass Sie durch eine Affirmation, die in der Zukunftsform formuliert ist, eher Ihren jetzigen Zustand zementieren.

Manchmal fällt es uns schwer, eine Affirmation in der Gegenwartsform zu akzeptieren, weil wir unsere jetzige Situation ganz anders erleben und uns die Affirmation daher fast wie eine Lüge vorkommt. Wir können dieses Problem aber umschiffen.

Akzeptieren Sie, dass Sie zunächst gemischte Gefühle zu dieser Affirmation haben. Je öfter Sie die Affirmation benutzen, desto weniger Widerstand werden Sie ihr entgegenbringen. Sollten Sie wirklich arge Probleme haben, benutzen Sie am Anfang eine abgeschwächte Formulierung: *"Ich werde von Tag zu Tag glücklicher"* oder *„Mit jedem Tag wächst meine Fähigkeit, Vorträge zu halten."* Diese Formulierungen werden bestimmt keine größeren Widerstände in Ihnen hervorrufen.

Tipp Nummer zwei:

Verfassen Sie die Affirmationen positiv. Vielleicht wollen Sie eine unangenehme Eigenschaft loswerden. Machen Sie aber nicht das Loswerden zum Thema der Affirmationen. Sagen Sie nicht, was Sie nicht wollen; sagen Sie stattdessen, was Sie wollen.

Wenn Sie sich derzeit unglücklich fühlen, sollte Ihre Affirmation nicht lauten: *"Ich bin nicht unglücklich"*. Nennen Sie stattdessen Ihr Ziel: *"Ich bin glücklich"*.

Das hat einen Hintergrund: Ihr Unterbewusstsein arbeitet ganzheitlich, es verarbeitet alle eingehenden Informationen gleichzeitig.

Unsere Sprache funktioniert aber sequenziell, das heißt: Der Sinn eines Satzes erschließt sich aus der Reihenfolge seiner Wörter.

Das Unterbewusstsein hört die Worte "*ich*", "*bin*", "*nicht*" und "*unglücklich*". Diese Worte werden alle gleichzeitig verarbeitet und miteinander und mit anderen Begriffen verknüpft. Ihr Unterbewusstsein kann also gar nicht verstehen, dass das Gegenteil von „Unglück" gemeint ist. Das Einzige was es tut, ist sein Netzwerk zu erweitern und die Verbindungen zu stärken.

Im schlimmsten Falle verstärkt diese Affirmation die Verknüpfungen zwischen "*ich*" und "*unglücklich*". Das Wort "*unglücklich*" wird in Ihnen genau diese Emotion hervorrufen und Ihre Stimmung wird schlechter. Wir wollen aber gerade das Gegenteil erreichen.

Achten Sie sehr darauf nur positive Aussagen zu treffen. Beschreiben Sie nicht, welchen Holzpflock Sie verlassen wollen, sondern sagen Sie, welcher Holzpflock Ihr Ziel ist.

Tipp Nummer drei:

Verfassen sie kurze und emotional ansprechende Affirmationen. Manchmal neigen wir dazu, viele Informationen in einen einzigen Satz zu packen. Wir denken, dass ein langer und kompliziert formulierter Satz für Qualität und Intelligenz steht. Deshalb versuchen wir, möglichst viele Informationen in einem einzigen Satz unterzubringen.

Denken Sie an das Prinzip der Bahnung. Denken Sie an die Boten, die von einem Ort zu einem anderen laufen und aus Pfaden langsam aber sicher Autobahnen bauen. Kommen Emotionen ins Spiel, greifen unsere Helfer zu effektiven Werkzeugen wie Äxten oder sogar zu Bulldozern. Dieses Prinzip der Bahnung wollen wir uns auch bei unseren Affirmationen zunutze machen.

„*Ich strahle Gelassenheit und Erfolg aus*"

Unsere Affirmationen sollen deshalb Emotionen in uns wecken, was jedoch nicht mit langen Bandwurmsätzen, die so verschachtelt sind, dass wir am Ende, wenn wir uns durch die vielen Wörter gequält haben, überhaupt nicht mehr wissen, wie der Satz anfing und dann gezwungen sind, diesen Satz nochmal zu lesen, was bei den meisten Menschen starken Unmut, um nicht zu sagen Wut, hervorruft, geht. Ich denke, Sie wissen, was ich meine.

Außerdem wollen wir uns durch unsere Affirmationen schnell verändern. Kurze und knackige Sätze, die positive Emotionen in uns hervorrufen, bleiben viel besser im Gedächtnis haften als Bandwurmsätze.

Nutzen Sie gezielt solche Wörter, die in Ihnen gute Gefühle hervorrufen. Sie könnten sagen: "Ich verhalte mich selbstsicher." Besser, weil emotionaler, wäre vielleicht dies: "Ich bewege mich mit lässiger Selbstsicherheit". Es kommt natürlich darauf an, welche Schlüsselbegriffe in Ihnen positive Gefühle hervorrufen. Probieren Sie ruhig einige Formulierungen aus und wählen Sie dann die beste.

Tipp Nummer vier:

Benutzen Sie Kraftwörter. Benutzen Sie Wörter, die für Sie eine Bedeutung haben. Legen Sie jedes Wort auf die Goldwaage. Wählen Sie nur die besten und kräftigsten Wörter aus.

Sie könnten sagen: "*Mir geht es gut.*" Doch es fehlen kraftvolle Wörter, die mitreißen und begeistern. Viel besser hört sich doch an: "*Ich fühle mich großartig*" oder „*Mir geht es phantastisch!*" Sie können dabei richtig dick auftragen.

Vielleicht haben sie ein Lexikon der Synonyme in Ihrem Bücherschrank stehen, sodass Sie schnell eine Vielzahl an verschiedenen Wörtern nachschlagen können. Sie sollten dann die Begriffe wählen, die Ihnen am brillantesten, einzigartig und fabelhaft erscheinen.

Typische Kraftwörter sind: fantastisch, großartig, wundervoll, Kraft, Energie, power, lässig, stark, erfüllt, leben, genießen, in vollen Zügen, frei. Nutzen Sie solche Begriffe und Redewendungen, die Sie selbst für stark halten.

Tipp Nummer fünf:

Affirmationen sollten persönlich sein. Es sind Ihre Ziele. Daher sollten auch die Affirmationen von Ihnen persönlich handeln. Vermeiden Sie jeden unpersönlichen oder passiven Stil. Sagen Sie nicht: "*Das Leben ist großartig.*" Sagen Sie lieber: "*Mein Leben ist großartig.*"

Tipp Nummer sechs:

Es gibt drei verschiedene Arten, wie wir Affirmationen formulieren können: Wir können vom "*Tun*", vom "*Sein*" und vom "*Haben*" sprechen.

- „*Ich lebe in Harmonie und Glück.*"
- „*Ich bin glücklich und kerngesund.*"
- „*Ich habe ein reiches und erfülltes Leben.*"

Verwenden Sie besser keine Haben-Affirmationen. Das Sein und das Tun sind entscheidend. Erfahrungen haben außerdem gezeigt, dass Affirmationen, die von einem "*Haben*" sprechen, weniger wirkungsvoll sind.

Sagen Sie nicht: "*Ich habe viel Geld*". Machen Sie ein Sein oder ein Tun daraus: "*Ich bin reich*" oder auch "*Ich

„*Ich erreiche alle meine Ziele mit Leichtigkeit*"

lebe in Wohlstand und Überfluss". Wenn Sie diese Beispiele ein paar Mal durchlesen, können Sie leicht feststellen, dass die Haben-Affirmation mit Abstand die schwächste ist.

Manchmal kann es schwierig sein, eine Haben-Affirmation umzuwandeln. Nehmen wir die Affirmationen: *"Ich habe mehr als genug Zeit"*. Die meisten von uns möchten vermutlich eine solche Affirmation benutzen: Der Gedanke, nicht genug Zeit zu haben, ist in unserer Gesellschaft sehr weit verbreitet.

Es lohnt sich, ein wenig darüber nachzudenken. Tatsache ist, dass jeder von uns 24 Stunden am Tag zur Verfügung hat. Es ist völlig unmöglich, dass ein Mensch plötzlich 25 Stunden hätte. Wir können unsere Zeit nicht vermehren. Wir müssen mit diesen 24 Stunden auskommen.

Das Problem ist nicht, dass wir zu wenig Zeit haben. Das Problem ist, dass wir einen Großteil unserer Zeit für Dinge nutzen, die wir nicht mögen. Notwendigkeiten zehren unsere Zeit auf. Diese Notwendigkeiten machen uns meistens keinen Spaß. Eigentlich wollen wir den Anteil unserer Zeit, der uns Spaß macht, so weit wie möglich vergrößern.

Wie wäre es mit folgender Affirmation: *"Ich genieße jede Sekunde meines Lebens"*. Dieser Satz setzt dort an, wo das eigentliche Problem besteht. Nämlich, dass wir einen Großteil unserer Zeit nicht genießen.

Wenn Sie also eine Haben-Affirmation entwickelt haben und auf Anhieb keine Möglichkeit sehen, sie in eine Sein- oder Tun-Affirmation umzuwandeln, lohnt es sich darüber nachzudenken: Was ist das Ziel hinter dem Wunsch, etwas zu haben? Ihre Affirmation sollte auf dieses Ziel hindeuten und nicht auf den vorgeschobenen Wunsch, etwas zu besitzen.

Auf diesen Seiten haben Sie nun einiges über Affirmationen gehört. Sie haben auch unten auf den Seiten einige Beispiele kennengelernt. Jetzt sind Sie dran. Entwickeln Sie zu jedem Bereich Ihres Lebens zwei Affirmationen.

Basteln Sie sich dann eine Affirmationskarte im Scheckkarten-Format. Schreiben Sie Ihre zehn Affirmationen auf ein kleines Papier, schweißen Sie es in Folie ein und stecken Sie es in Ihre Geldbörse. Auf diese Weise haben Sie Ihre Affirmationen immer bei sich.

Am besten ist es, wenn Ihre Affirmationen jeden einzelnen Lebensbereich berücksichtigen. Wobei es vollkommen in Ordnung ist, die meisten Affirmationen zu dem Thema, dass Sie am dringendsten Verändern wollen, zu verfassen.

Lebensbereiche:
- Beruf und materielle Sicherheit
- Spiritualität, Werte
- Gesundheit
- Hobbys, Spaß, Entspannung
- Familie, Freunde, Mitmenschen

„Mir geht es großartig"

GLÜCK - ERFOLG - SELBSTSICHERHEIT

VERWANDELN SIE LÄSTIGE WARTEZEITEN IN PURES GOLD

© Thorben Wengert / pixelio.de

Sie haben eben ein Bündel kraftvoller Affirmationen formuliert. Sie haben jedes Wort auf die Goldwaage gelegt und sind nun bereit, die Affirmationen durch Ihr Unterbewusstsein zu jagen.

Legen Sie gleich jetzt fest, wann Sie Ihre Affirmationen anwenden wollen. Es muss nicht immer die gleiche Uhrzeit sein. Aber es kann sehr hilfreich und unterstützend sein, wenn Sie sich eine feste Uhrzeit reservieren. Nehmen Sie sich 3 oder 5 Minuten. Ideal wäre es, wenn Sie diese Mentaltechnik morgens durchführen: Sie stimmen sich positiv auf den Tag ein. Wenn Sie hingegen ein Morgenmuffel sind, sollten Sie die Übungen lieber zu einem Zeitpunkt durchführen, an dem Sie sich gut fühlen.

Schauen Sie auf Ihre Affirmationskarte und lesen Sie die erste Affirmation. Sie können leise oder in Gedanken lesen. Stellen Sie sich vor, wie es sich anfühlen wird, wenn Sie dieses Ziel erreicht haben.

Wenn Ihre Affirmation beispielsweise lautet: "*Ich genieße jede Sekunde meines Lebens*" könnten Sie sich vorstellen, wie Sie gerade an Ihrem Schreibtisch sitzen, die Beine hochlegen und sich mit hinter dem Kopf verschränkten Armen entspannt zurücklehnen.

Es kommt nicht darauf an, ausführliche Videos vor Ihrem inneren Auge ablaufen zu lassen. Vielmehr kommt es darauf an, dieses gute Gefühl, das die Affirmation verspricht, in einem einzigen stimmigen Bild einzufangen.

Investieren sie nicht zu viel Zeit darauf, ein passendes Bild zu finden. Das Bild soll nur unterstützen. Die Affirmationen wirken auch ohne Bild, allein schon durch das Lesen. Früher oder später wird Ihnen ein passendes Bild zu der Affirmation einfallen.

Ziel des inneren Bildes ist es, dass Sie Schritt für Schritt Ihre Affirmationen mit Emotionen aufladen. Durch die Emotionen haben sie im Netzwerk des Unterbewusstseins eine größere Veränderungskraft.

Lesen Sie Ihre Affirmationen nacheinander langsam und konzentriert dreimal durch und sehen Sie das dazugehörige Bild vor Ihrem inneren Auge. Genauso, wie wir jedes Mal ganz genau denselben Wortlaut der Affirmationen benutzen, sollten wir auch versuchen, jeweils dasselbe Bild vor unserem inneren Auge zu sehen.

Sobald Sie ein stimmiges Bild gefunden haben, sollten Sie es immer wieder benutzen. Sie können, jedes Mal, wenn Sie das Bild abrufen, einige schöne Details hinzufügen. In unserem Beispiel *"Ich genieße jede Sekunde meines Lebens"* könnten Sie nach und nach einen gänzlich leeren Schreibtisch hinzufügen, einen wohlriechenden Kaffee, die Sonne, die durch das Fenster scheint, usw.

Bauen Sie in Ihr Bild Töne, Gerüche, Geschmack und Gefühle ein. In unserem Beispiel könnten Sie sich vorstellen, wie draußen Vögel zwitschern (Gehörsinn), wie wunderbar der Kaffee riecht und schmeckt (Geruchs- und Geschmackssinn), und wie wohltuend die Sonne auf Ihre Haut scheint (Tastsinn).

Wenn Sie nach und nach mehr Informationen in Ihr Bild einfügen und auch andere Sinneskanäle nutzen, wird Ihr Bild immer mächtiger und mächtiger. Bald reicht es aus, sich nur an das Bild zu erinnern, um eine Welle positiver Emotionen freizusetzen.

Gehen Sie all Ihre Affirmationen auf diese Weise durch. Das Schönste an Affirmationen ist, dass Sie sie flexibel einsetzen können. Es gibt keine unpassenden Gelegenheiten, Zeiten oder Orte. Drei Dinge bestimmen die Wirkkraft Ihrer Affirmationen: die Formulierung, Ihre emotionale Beteiligung und die ständige Wiederholung.

Mit den Tipps über das Verfassen von Affirmationen ist es Ihnen ganz einfach möglich, ein paar erstklassige und emotionsgeladene Affirmationen aufzustellen. Der dritte Punkt, ständige Wiederholung, ist ebenfalls einfach zu erreichen.

Ständig müssen wir irgendwo warten: Wir warten auf den Bus, beim Arzt, bis der Computer hochgefah-

„Ich ziehe den Erfolg ganz mühelos in mein Lebens"

ren ist, auf den Aufzug, usw. Diese Wartezeiten sind meistens nur einen Augenblick lang, manchmal jedoch auch einige Minuten oder sogar Stunden. In der Regel überbrücken wir diese Zeit damit, dass wir uns genervt umschauen und hoffen, irgendwo Ablenkung zu finden. Oder wir sind einfach nur verärgert, dass unsere Zeit sinnlos verrinnt.

Ab jetzt werden Sie solche Zeiten zu Ihrem Vorteil nutzen. Wenn Sie bemerken, dass Sie gerade tatenlos herumstehen und auf etwas warten, holen Sie Ihre Affirmationskarte hervor und gehen Sie Ihre Affirmationen durch. Auf diese Weise wird jede Sekunde zu Gold, dass Sie in Ihr Glück investieren.

Diese Mentaltechnik ist unglaublich wirkungsvoll. Das werden Sie in den nächsten Wochen selbst erleben. Gleichzeitig ist die Technik sehr einfach zu handhaben und Sie können nebenbei üben. Das Wichtigste hierbei ist, dass Sie die Übung regelmäßig durchführen. Denken Sie an das Experiment der NASA: Ihre Disziplin wird belohnt werden und nach einem Monat werden Sie deutliche Erfolge erleben.

Nach dieser recht einfachen Technik werde ich Sie im nächsten Kapitel mit einer Methode vertraut machen, die spezieller und vielschichtiger ist: Mit der Schatzinsel-Methode schaffen Sie sich Ihr eigenes kleines Reich, in dem Sie geschützt an Ihrer Persönlichkeit, Ihren Gewohnheiten und Ihrem Lebensglück arbeiten können.

Sie werden bemerken, dass Sie mit dieser Technik ganz gezielt die Kraft und Leistungsfähigkeit Ihres Unterbewusstseins anzapfen werden. Sie werden mit der Schatzinsel-Methode unglaubliche Resultate erzielen und jede Sekunde, die Sie investieren, wird Ihnen vielfach zurückgezahlt.

An dieser Stelle ist es vielleicht Zeit, das Buch zuzuschlagen und den eigenen Gedanken Raum zu geben. Ich frage mich, ob Sie vielleicht schon bemerkt haben, dass sich positive Veränderungsprozesse in Ihrem Leben in Gang gesetzt haben. Vielleicht merken Sie auch noch nichts Besonderes, obwohl in Ihrem Unterbewusstsein, dass nur das Beste für Sie will, gerade große positive Veränderungen stattfinden. Falls Sie das Buch innerhalb kürzester Zeit bis hierher gelesen haben, gestatten Sie sich noch einige Tage oder Wochen, bis Sie Resultate erleben. Ich werde Sie nicht bitten, jeden Tag begeistert Ihre Fortschritte wahrzunehmen und gar darüber Buch zu führen. Genießen Sie einfach ganz zwanglos Ihre von Tag zu Tag zunehmende Sicherheit, Freiheit und Zufriedenheit.

„Alles, was ich anpacke, wird ein Erfolg"

DIE SCHATZINSEL-METHODE - EINE EIGENE INSEL. "GEHÖRT DAS WIRKLICH ALLES MIR"?

© Lothar Henke / pixelio.de

Es gibt einen Ort, an dem Sie die Hektik des Alltags hinter sich lassen könnten. Einen Ort, den Sie jederzeit betreten können und mit dem Sie vollkommen vertraut sind. Einen Ort, an dem Sie inneren Frieden und tiefe Entspannung finden. Wäre es nicht großartig, jederzeit Zugang zu diesem Ort zu haben?

Diesen wunderbaren Ort zu erschaffen ist das Ziel dieses Kapitels. Ich weihe Sie ein in die unglaublich wirkungsvolle Mentaltechnik, die ich Schatzinsel-Methode nenne. Diese Schatzinsel wird Ihr Rückzugsraum in stressigen Zeiten sein. Sie ist Ihr Zugang zum Unterbewusstsein.

Sie werden Ihre ganz persönliche Schatzinsel Schritt für Schritt vor Ihrem inneren Auge aufbauen. Auf dieser Schatzinsel gibt es viele Orte, die sie besuchen können: die Bucht des inneren Friedens, der Wald der Entspannung, die Wiese der fünf positiven Dinge und den Konferenzraum, um nur einige zu nennen.

Jeder dieser Orte hat eine ganz besondere Funktion. Wenn Sie Ihre Insel betreten, wählen Sie aus den vielen Orten denjenigen Ort heraus, den Sie gerade am meisten benötigen: Wollen Sie Ihren Stress abschütteln, sich auf eine schwierige Situation vorbereiten, eine Entscheidung treffen oder Ihr Potenzial entwickeln? Für jedes Ihrer Bedürfnisse gibt es einen Ort, der Ihnen hilft, Ihr Unterbewusstsein auf Ihre Ziele einzustimmen. Das ganzheitlich arbeitende Unterbewusstsein ist besonders empfindsam gegenüber farbenfrohen Bildern, die angereichert sind mit Klängen und anderen Wahrnehmungen.

Sie werden in Ihrer Phantasie eine komplette Insel erschaffen. Wir werden diese Insel Schritt für Schritt erkunden und ich werde Sie zu den einzelnen Orten führen. Dort angelangt mache ich Sie mit der Funktionsweise und den jeweiligen Stärken der einzelnen Stätten bekannt.

Das wichtigste Werkzeug bei dieser Mentaltechnik ist Ihre Phantasie. Lassen Sie ihr freien Lauf. Sehen Sie die Insel mit ihren Wegen, Bäumen, Stränden und saftigen Wiesen so farbenfroh und plastisch

DIE SCHATZINSEL-METHODE

wie möglich. Hören Sie in Ihrer Phantasie das Singen der Vögel, die Wellen und den Wind, der durch die Blätter rauscht. Spüren Sie die immer scheinende Sonne auf Ihrer Haut und das Gefühl, barfuß über die grünen Wiesen zu spazieren.

Vieles von dem, was wir über Affirmationen wissen, hilft uns auch bei der Schatzinsel-Methode weiter: Es kommt darauf an, dass Sie Ihr Unterbewusstsein mit möglichst vielen Sinnen und mit positiven Emotionen ansprechen. Und es kommt auf häufige Wiederholung an. Am Anfang wird vor Ihrem inneren Auge ein Bild entstehen, in dem nur die ganz wichtigen Dinge sichtbar sind. Genauso, wie Sie die Bilder zu den Affirmationen nach und nach mit Details anreichern, werden Sie auch Ihre Insel jedes Mal ein bisschen weiter erkunden.

Hören Sie auf die Stimme in Ihnen, die sagt: *"An dieser Wegegabel wäre doch eine Bank nicht schlecht, auf der ich einen kurzen Augenblick entspannen könnte."* Fügen Sie Ihrer Insel diese Bank hinzu und sehen Sie sie ab jetzt jedes Mal, wenn Sie an dieser Stelle vorbeikommen. Und wenn Sie möchten, setzen Sie sich und entspannen Sie ein wenig.

Ihre Schatzinsel ist Ihr Reich, das Sie ständig erweitern. Bei jedem Besuch können Sie, wenn Sie möchten, weitere Details hinzufügen: ein bestimmtes Geräusch, einen Gegenstand, Tiere, oder irgendetwas anderes, von dem Sie meinen, das es hierher gehört. Sie sind der Herrscher Ihrer Schatzinsel und Sie bestimmen, was einen Platz auf Ihrer Insel hat.

Wir werden gleich damit beginnen, die Insel zu erkunden. Damit es Ihnen leicht fällt, vor Ihrem inneren Auge phantasievolle Bilder zu malen, habe ich Ihnen eine Karte vorbereitet. Wenn Sie meine Beschreibungen lesen, schauen Sie immer wieder auf die Karte und bereichern Sie dadurch Ihre Phantasie.

Lassen Sie sich ausreichend Zeit, vor Ihrem inneren Auge schöne und angenehme Bilder zu erzeugen. Geben Sie allen Details genügend Raum und versuchen Sie sich die Insel so schön und reich wie möglich vorzustellen. Mit jedem Mal, wenn Sie Ihre Schatzinsel betreten, kommen Ihnen immer detailreichere und schönere Bilder ins Bewusstsein. Und mit jedem Mal wächst die wohltuende Wirkung. Je öfter Sie die einzelnen Orte betreten, desto mehr Wirkung werden sie haben.

Ich lade Sie nun ein auf eine Reise zu Ihrer eigenen, inneren Schatzinsel. Setzen oder legen Sie sich bequem hin, schließen Sie die Augen, wenn Sie mögen, und lassen Sie Ihrer Phantasie freien Lauf.

Folgen Sie mir nun auf einen Rundgang. Viel Spaß beim ersten Besuch Ihrer Insel.

DIE SCHATZINSEL-METHODE

Norden
Westen
Osten
Süden

Die Truhe der Distanz
Die Galerie der Siege
Die Bucht des inneren Friedens
Der Konferenzraum
Der weiße Strand
Der Theatersaal
Der Wald der Entspannung
Der Pavillon der Heilung
Das Tor
Der See der Reinigung
Die Wiese der 5 positiven Dinge
Die Berge der Dankbarkeit

GLÜCK - ERFOLG - SELBSTSICHERHEIT

EIN BLICK AUS DEM PROPELLERFLUGZEUG AUF IHRE INSEL

© Haasi1 / pixelio.de

DIE SCHATZINSEL-METHODE

Stellen Sie sich vor Ihrem inneren Auge die schönste Insel der Welt vor. Sie liegt weit draußen auf dem Ozean, so weit entfernt, dass sie von Tourismus, Flugzeugen (außer Ihrem eigenen) und Schifffahrtsrouten verschont geblieben ist.

Ihre Insel hat genau die richtige Größe: Sie ist klein genug, sodass Sie sie sehr genau kennen und jeden Winkel an ihr schätzen. Gleichzeitig ist sie aber nicht zu klein, sodass Sie sich auf Ihrer Insel auch nicht eingeengt fühlen.

Ihre Insel liegt an einem sehr günstigen Ort: Es gibt hier weder Stürme noch Gewitter, allerhöchstens einmal einen warmen Sommerregen. Die Insel ist umgeben von ruhigem, hellblauem Meer. Über die Insel spannt sich ein wolkenloser, strahlend blauer Himmel.

Ihre Insel ist unbewohnt. Sie sind ganz für sich. Natürlich finden Sie hier eine Vielzahl an friedlichen Tieren und wunderschönen Pflanzen. Auf Ihrer Insel gibt es keine lauten, störenden Geräusche: keine Autos, keine Rasenmäher, kein Fernsehen und vor allen Dingen keine Laubbläser. Doch wenn Sie genau hinhören, können Sie das Rauschen der Wellen, das Zwitschern der Vögel und das Zirpen der Grillen auf den Wiesen hören.

Ihre Insel ist mit einer vielfältigen Natur gesegnet. Ganz im Süden ziehen sich ein paar hohe Berge an der Küste entlang, die Berge der Dankbarkeit. Der westliche Teil der Insel ist eher bewaldet, während es im Osten saftige grüne Wiesen gibt. Im südlichen Bereich der Insel liegt ein wunderschöner See, der durch einen Bach aus den Bergen der Dankbarkeit gespeist wird. Im Nordwesten formt die Küste eine traumhafte Bucht: die Bucht des inneren Friedens. Ringsherum ist die Insel von einem wunderschönen Strand umgeben, der zu einer Wanderung einlädt.

GLÜCK - ERFOLG - SELBSTSICHERHEIT

DAS TOR. MIT EINEM KRAFTVOLLEN RITUAL BEAMEN SIE SICH AUS DEM HEKTISCHEN ALLTAG IN IHR PRIVATPARADIES

© Vera Markgraf / pixelio.de

DIE SCHATZINSEL-METHODE

Nachdem Sie gehört haben, wie schön Ihre Schatzinsel ist, brennen Sie verständlicherweise darauf, sie endlich zu betreten und zu erkunden. Es ist Ihre Insel und Sie können Sie jederzeit betreten. Wir wollen uns aber ein kleines Ritual überlegen, mit dem Sie Ihre Reise zur Schatzinsel einleiten.

Das kleine Ritual dient dazu, uns bewusst zu machen, dass wir nun unsere stressige reale Welt eine Zeit lang verlassen und unsere Aufmerksamkeit nach innen wenden. Gleichzeitig wird das Ritual dazu führen, dass unser Unterbewusstsein es nach und nach mit unserer schönen Reise verknüpft. Mit der Zeit wird es bereits ausreichen, das kleine Ritual durchzuführen, um in einen angenehmen, entspannten Zustand zu gelangen.

Welches Ritual Sie wählen, ist nicht wichtig. Hauptsache, Sie bleiben bei einem Ritual, sodass Ihr Unterbewusstsein sich darauf einstellen kann. Ich möchte Ihnen hier ein einfaches und schönes Ritual vorstellen, dass Sie gerne übernehmen können, wenn es angenehm für Sie ist.

Setzen oder legen Sie sich in eine bequeme Position. Schließen Sie die Augen und legen Sie, wenn Sie möchten, die offenen Hände ineinander. Stellen Sie sich aus der Vogelperspektive vor, wie Sie dort sitzen oder liegen.

Atmen Sie jetzt ganz langsam und tief durch die Nase ein und visualisieren Sie, wie das Zimmer langsam von weichem, weißem Nebel gefüllt wird, den Sie durch Ihr tiefes Einatmen anziehen und der frisch und belebend wirkt. Wenn Sie vollständig eingeatmet haben, atmen Sie kräftig durch den Mund aus und stellen Sie sich vor, wie Sie damit den Nebel, der Sie umhüllt, wegpusten. Wenn sich der Nebel lichtet, befinden Sie sich nicht mehr in Ihrem Zimmer: Der sich lichtende Nebel gibt langsam den Blick auf Ihre wunderschöne Schatzinsel frei.

Sie befinden sich jetzt im Südwesten der Insel, an dem Ort namens *"Das Tor"*. Suchen Sie ihn auf der Karte. Immer, wenn Sie Ihre Insel betreten, befinden Sie sich zuerst an diesem Ort. Deshalb wird er "*Das Tor*" genannt.

Lassen Sie uns nun nach und nach die Insel erkunden.

DIE WIESE DER FÜNF POSITIVEN DINGE. BESSER ALS JEDES SCHLAFMITTEL: DIESER ORT SCHENKT IHNEN EINEN RUHIGEN UND ERHOLSAMEN SCHLAF

© Wolfgang Dirscherl / pixelio.de

Die Dinge, denen wir in dem Moment kurz vor dem Einschlafen unsere Aufmerksamkeit widmen, werden von unserem Unterbewusstsein in der Schlafphase besonders beachtet. Sie erhalten dadurch sehr viel Gewicht. Daher sollten Sie vor dem Einschlafen nicht grübeln und daran denken, welche üblen Dinge der nächste Tag bringen könnte. Denken Sie lieber an etwas Schönes.

Genau das können Sie auf der Wiese der fünf positiven Dinge tun. Lassen Sie uns nun dorthin gehen. Vor Ihnen ist der Weg, der zum Wald der Entspannung führt. Gehen Sie ein paar Schritte auf diesem Weg und biegen Sie dann nach rechts ab. Bereits nach ein paar Metern stehen sie auf einer saftigen, mit Tausenden von Blumen übersäten Wiese.

Betreten Sie die Wiese und gehen Sie ein paar Schritte. Bemerken Sie, wie sanft das Gras Sie trägt. Wenn Sie möchten, können Sie sich die Schuhe ausziehen und barfuß über die Wiese laufen. Gehen Sie nun an einen Platz, der Ihnen besonders schön erscheint: Vielleicht ist es die Mitte der Wiese, wo die schönsten und größten Blumen wachsen. Vielleicht bevorzugen Sie aber auch den schattigen Waldrand oder den Südrand der Wiese, wo Sie das Rauschen der Wellen vernehmen können.

Achten Sie auf die Geräusche, die Sie umgeben: Der Wind rauscht sanft durch die Wipfel der Bäume, Vögel zwitschern und die Grillen zirpen. Wenn Sie einen angenehmen Platz gefunden haben, setzen oder legen Sie sich ins Gras. Während Sie jetzt entspannt im Gras liegen oder sitzen, gehen Sie in Gedanken den vergangenen Tag durch.

Halten Sie sich an all den Dingen, die schlecht liefen, nicht auf. Ihr Ziel ist es, fünf Dinge zu finden, die an diesem Tag gut gelaufen sind: Wo haben sie eine gute Leistung gezeigt? Was hat Ihnen besonderen Spaß gemacht? Konnten Sie jemandem helfen? Hatten Sie heute Glück?

An manchen Tagen fällt es uns nicht schwer, auf Anhieb viele Dinge zu nennen, die gut gelaufen sind. An anderen Tagen wiederum können wir auf den ersten Blick kein einziges positives Ereignis finden. Lassen Sie sich nicht entmutigen. Suchen Sie beharrlich, bis Sie Ihre fünf positiven Dinge gefunden haben.

Wenn Ihr Tag voller Katastrophen, Krisen und Stress war, dann ist immerhin die Tatsache, dass Sie den Tag irgendwie überstanden haben, schon eine positive Sache: Sie haben sich als belastbar und hartnäckig erwiesen. Suchen Sie auf diese Weise nach positiven Dingen und lassen Sie nicht eher ab, bis Sie mindestens fünf davon gefunden haben.

Zählen Sie zum Abschluss Ihre fünf positiven Dinge des Tages auf und sagen Sie sich: *"Der Tag hat diese fünf Dinge hervorgebracht. Es war ein guter Tag."* Da Sie diese fünf positiven Dinge vor Augen haben, können Sie meistens sehr angenehm einschlafen. Sollten Sie noch nicht einschlafen können, denken Sie noch einmal intensiv über diese fünf positiven Erlebnisse nach.

Ihr Unterbewusstsein nimmt die Information, dass dieser Tag positiv war, begierig auf. Langsam wird Ihr unterbewusstes Netzwerk umstrukturiert und wie von Geisterhand erleben Sie immer mehr positive Dinge und immer weniger negative. Irgendwann liegen Sie auf der Wiese der fünf positiven Dinge und werden auf Anhieb zwanzig Dinge nennen können, die großartig gelaufen sind. An einem ganz normalen Tag. Probieren Sie es. Es klappt immer.

Dies ist die Wiese der fünf positiven Dinge. Es kostet nicht viel Zeit, diesen schönen Ort zu besuchen, und Sie werden dramatische positive Effekte erleben. Besser, Sie versäumen Ihren täglichen Besuch nicht.

GLÜCK - ERFOLG - SELBSTSICHERHEIT

DER WALD DER ENTSPANNUNG. LASSEN SIE SICH VON DER KRAFT, GESUNDHEIT UND WÜRDE DES WALDES DER ENTSPANNUNG ERFÜLLEN

© Leif Lücht / pixelio.de

DIE SCHATZINSEL-METHODE

Wie Sie auf der Übersichtskarte sehen können, befinden sich auf Ihrer Schatzinsel noch sehr viele andere Orte. Im Gegensatz zu der Wiese der fünf positiven Dinge, die Sie sehr schnell erreichen können und deren Besuche recht kurz sind, sind die Wege zu den anderen Orten etwas länger. Die Besuche werden ein bisschen mehr Zeit in Anspruch nehmen. Abgesehen davon gibt es nur einen Weg vom Tor zu den anderen Orten: Dieser Weg führt durch den Wald der Entspannung. Er wird Sie, jedes Mal, wenn Sie sich über Ihre Insel bewegen, zunächst in einen angenehm ruhigen Zustand bringen.

Unser Ausgangspunkt ist wieder das Tor. Wie Sie auf der Übersichtskarte sehen, führt ein Waldweg vom Tor Richtung Nordosten. Gehen Sie in Gedanken diesen Weg entlang. Nach ein paar Schritten erreichen Sie den Wald der Entspannung.

Dieser Wald hat eine Besonderheit: Jeder, der durch diesen Wald schreitet, wird nach und nach von einem immer tiefergehenden Gefühl der Leichtigkeit, der Würde und der Freiheit beflügelt.

Gehen Sie langsam und bedächtig ein paar Schritte auf dem Waldweg und schauen Sie sich um: Der Wald besteht aus vielen verschiedenen, gesunden und kräftigen Bäumen und Sträuchern.

Diese Bäume haben starke, tiefe Wurzeln, auf die sie ihre Stabilität und ihr Wachstum gründen. Betrachten Sie vor Ihrem inneren Auge diese Bäume und denken Sie daran, dass auch Sie in Ihrem Unterbewusstsein über starke, tiefe Wurzeln verfügen.

Nehmen Sie einen tiefen Atemzug und ziehen Sie die gesunde Waldluft tief in Ihre Lungen. Genießen Sie die Sonnenstrahlen, die zwischen den Ästen der Bäume hindurchscheinen.

Gehen Sie so langsam, wie Sie möchten. Spüren Sie den Waldboden unter Ihren Füßen und die Sonnenstrahlen auf Ihrem Gesicht. Gehen Sie langsam weiter und bemerken Sie, wie Sie mit jedem Schritt entspannter und ruhiger werden. Wenn Sie fühlen, dass Sie entspannt genug sind und den Wald langsam verlassen möchten, gehen Sie noch ein paar Schritte und Sie finden sich auf einer lichten Kreuzung wieder.

DER THEATERSAAL. COACHEN SIE SICH AB JETZT SELBST UND TRIUMPHIEREN SIE AUCH IN SCHWIERIGSTEN SITUATIONEN

© Rainer Sturm / pixelio.de

Auf der rechten Seite des Weges, der nach Norden führt, nur ein paar Hundert Meter von der Kreuzung entfernt, erkennen Sie ein großes, eindrucksvolles und würdevolles Gebäude. Es erinnert vielleicht ein wenig an einen antiken Tempel.

Die Frontseite des Gebäudes ist durch massive Säulen gekennzeichnet, die einen starken und aufwärtsstrebenden Eindruck machen. In der Mitte des Gebäudes sehen Sie eine riesige hölzerne Flügeltür, den Eingang zu diesem kraftstrotzenden Gebäude.

Dieses imposante Gebäude ist der Theatersaal. Er ist einer der wichtigsten Orte auf Ihrer Schatzinsel: Sie können hier aktiv an Ihrer Zukunft arbeiten.

Warum sollten Sie die Zukunft einfach so auf sich zu rollen lassen? Der Theatersaal bietet Ihnen die Möglichkeit, schwierige, heikle oder wichtige Situationen vorab durchzuspielen und mental vorzubereiten.

Schwierige Situationen gibt es immer wieder. Zum Beispiel ein Bewerbungsgespräch. Vielleicht haben Sie bisher solche Situationen einfach auf sich zukommen lassen. Je länger Sie jedoch später darüber nachdenken, desto mehr Fehler, die Sie gemacht haben, fallen Ihnen ein. Vielleicht haben Sie eine ungünstige Antwort gegeben, vielleicht haben Sie sich mit den Händen am Stuhl festgekrallt oder waren die ganze Zeit nervös. Dann sagen Sie sich: *"Verdammt, wie konnte mir das passieren? Warum habe ich daran nicht beim Bewerbungsgespräch gedacht?"*

Sie haben nicht daran gedacht, weil Sie diese Situation als bedrohlich empfunden haben. Ihr Körper war auf Kampf oder Flucht eingestellt und Sie haben sich entsprechend verhalten.

Stellen Sie sich vor, Sie hätten dieses Vorstellungsgespräch vorher ein paarmal trainieren können. Und Sie hätten sich dabei über eine Videokamera selbst beobachten können. Sie werden mir bestimmt zustimmen, dass Ihr Bewerbungsgespräch mit einer solchen Vorbereitung ganz anders abgelaufen wäre.

DIE SCHATZINSEL-METHODE

Und das Training an sich ist nur der zweitwichtigste Vorteil. Denken Sie nur daran, was für eine Wirkung es auf das Netzwerk Ihres Unterbewusstseins hat, wenn Sie eine Situation bereits mehrfach erfolgreich durchlaufen haben.

Sie programmieren damit Ihr Netzwerk auf Erfolg: Sie gehen als Sieger in das Bewerbungsgespräch und das werden Sie ausstrahlen. Sie verhalten sich ganz natürlich, souverän und selbstsicher.

Der Theatersaal bietet Ihnen die Möglichkeit, solche heiklen Situationen vorab zu üben. Und nicht nur das: Ihnen werden professionelle Helfer an die Seite gestellt, die Sie selbst wählen können. Sie werden sich inspirieren lassen und Ihr eigenes Verhalten Schritt für Schritt optimieren.

Bei den Situationen, die Sie vorbereiten, kann es sich um ein Mitarbeitergespräch, einen Heiratsantrag, einen Vortrag, eine Prüfung oder jede andere Situation handeln. Wenn Sie an eine kommende Herausforderung denken und sich dabei unwohl fühlen, sollten Sie genau diese Angelegenheit in den Theatersaal mitnehmen.

Gehen Sie nun auf den Theatersaal zu. Da die Eingangstür nicht auf Höhe des Bodens angebracht ist, sondern etwas oberhalb, nehmen Sie die Treppe, die hoch zur Tür führt.

Nehmen Sie die Treppenstufen Schritt für Schritt und fühlen Sie, wie Sie sich mit jeder Stufe etwas erhabener, entspannter und würdiger fühlen. Wenn Sie etwa zwei Meter vor der Flügeltür stehen, öffnet diese sich ganz automatisch nach innen. Treten Sie nun in den Theatersaal ein.

Vor Ihnen eröffnet sich ein großer Saal. Er ist prächtig verziert mit Säulen, Statuen, Wandgemälden sowie Schwertern und Schilden. Am Kopf des Saales sehen Sie die Bühne, breit und etwas erhöht, sodass sie von allen Plätzen des Theaters gesehen werden kann. Vor der Bühne ziehen sich im komfortablen Abstand zueinander Reihen von bequemen, mit rotem Stoff überzogenen Sesseln, auf denen die Theaterbesucher Platz nehmen können. Während Sie sich all dies vorstellen, wird Ihnen vielleicht langsam schon bewusst, dass Sie hier eine sehr wichtige Erfahrung machen werden.

Schauen Sie sich einen Moment um, genießen Sie die Schönheit des Saales, der nur für Sie da ist, und suchen Sie sich einen Platz. Lassen Sie sich in einen der bequemen Sessel fallen.

Nun wollen wir die Situation, die Sie trainieren und verbessern wollen, auf die Bühne holen. Als Erstes legen Sie fest, welche Personen in Ihrem "Theaterstück" überhaupt vorkommen.

Die Personen, die Sie auswählen, treten nach und nach auf die Bühne und stellen sich in einer Reihe auf: der Chef, die gehässige Kollegin, der Ehemann, Ihr Kind, der Vorstandsvorsitzende, Ihr Mitarbeiter, der Nachbar und so weiter. Die einzige Grenze in diesem Theaterstück ist Ihre Phantasie. Holen Sie alle Personen auf die Bühne, die in der Situation, die Sie bearbeiten wollen, eine Rolle spielen.

Eine Person fehlt noch: Sie selbst. Keine Sorge: Am Anfang müssen Sie noch nicht selbst auf die Bühne. In Ihrem Theatersaal gibt es genug Schauspieler und hervorragende Maskenbildner. Als Letztes kommt also ein Schauspieler auf die Bühne, der genau wie Sie aussieht. Diese Person stehen nun alle nebeneinander auf der Bühne, Ihnen zugewandt.

Sie als Intendant legen nun das Ziel fest. Sagen Sie in einem knackigen Satz, was Sie erreichen wollen: *"Wir werden heute das Stück spielen mit dem Namen "Anna Schmitt setzt sich souverän gegen ihren streitsüchtigen Nachbarn durch"*. Die angetretenen Schauspieler verbeugen sich nun vor Ihnen als Zeichen, dass sie das Ziel verstanden haben.

Erste Phase

Wir kommen zur ersten Phase der Probe. Lassen Sie Ihre Schauspieler die ausgewählte Situation nachspielen. Ihr Doppelgänger versucht genauso zu handeln wie Sie es tun würden.

Sie sitzen bequem und in sicherer Distanz vom Geschehen und schauen sich das Treiben an. In dieser ersten Phase achten Sie nur auf eine Sache: auf die Fehler Ihres Doppelgängers.

Immer dann, wenn Ihnen auffällt, dass sich Ihr Doppelgänger unvorteilhaft verhält oder gar ein Fehler begeht, rufen sie laut: "*Stopp!*" Auf ihr Kommando hin erstarrt die Szene sofort und alle bleiben wie angewurzelt stehen. Die Zeit steht still.

Weisen Sie Ihren Doppelgänger auf den Fehler hin: "*Doppelgänger, so kannst du das nicht machen. Wenn du die ganze Zeit von einem Bein auf das andere Hin und Her wippst, wirkst du total nervös. Also, wir gehen jetzt einen Moment zurück und dann will ich, dass du ruhig und entspannt stehst.*"

Auf diese Weise spielen Sie die gesamte Situation durch und weisen Ihren Doppelgänger solange auf die Fehler hin, bis er es kapiert hat.

Zweite Phase

Lassen Sie uns nun mit der zweiten Phase weiter machen: mit der Generalprobe. Sie wollen feststellen, ob der Doppelgänger alles verstanden hat. Lassen Sie die Ausgangslage einnehmen und die Szene noch einmal durchspielen. Machen Sie das solange, bis Sie zufrieden sind.

Sie haben jetzt eine gute Szene entwickelt und sind auch schon ganz zufrieden. Aber heute ist Ihnen "gut" nicht gut genug. Sie werden in der dritten Phase die Hilfe eines externen Beraters in Anspruch nehmen.

Dritte Phase

Zunächst sollten Sie überlegen, wer als Berater infrage kommt. Es sollte jemand sein, der in Ihrer Szene ein Vorbild für Sie sein könnte. Fragen Sie sich: *"Wer würde diese Herausforderung wohl mit Bravour meistern? Wessen Fähigkeiten hätte ich gern in dieser Situation? Wen beneide ich um genau diese Stärke?"* Manchmal erstaunt es uns zu erfahren, dass viele Menschen, die wir um bestimmte Stärken beneiden, uns eigentlich sehr ähnlich sind. Vielleicht ist es Ihnen noch nicht bewusst oder vielleicht ahnen Sie es schon, aber Sie besitzen dieselben Stärken – eben nur noch nicht verwirklicht. In diesem Theatersaal, möglicherweise sogar schon beim ersten Üben, werden Sie wahrnehmen, dass auch Sie diese spezielle Stärke besitzen.

Hierbei spielt es keine Rolle, ob Ihr Berater tatsächlich lebt oder lebte, ein Filmheld oder ein Märchenheld ist oder einfach nur ein Produkt Ihrer Phantasie. Das Wichtigste ist, dass Sie sich mit der Person und ihren Eigenschaften gut identifizieren.

Nachdem Sie gewählt haben, wird genau diese Person Ihre Bühne betreten. Ihren Doppelgänger können Sie fürs Erste in die Pause schicken. Ihr Held wird nun die Rolle des Doppelgängers übernehmen.

Lassen Sie die gesamte Szene noch einmal durchspielen und achten Sie darauf, wie Ihr Held die Szene spielt. In welchen Bereichen gefällt er Ihnen? Wann rufen Sie begeistert: *"Das hat er richtig gemacht! Genau so möchte ich auch sein!"* Merken Sie sich die Glanztaten Ihres Helden und achten Sie auf seine Gestik und seine Körpersprache.

Lassen Sie sich regelrecht begeistern und anstecken von dem Verhalten des Helden. Achten Sie darauf, was er tut und wie er es tut. Wenn die Szene vorbei ist, stellen Sie sich vor, wie Ihr Held sich zu Ihnen neigt und Ihnen einen letzten, entscheidenden Ratschlag mit auf den Weg gibt: *"Um in dieser Situation Erfolg zu haben, ist es ganz wichtig, dass du ..."*

Was würde Ihnen Ihr Held wohl sagen? Wenn Sie überhaupt keine Idee haben, lassen Sie ihn einfach sagen: "*Du schaffst das. Ich glaube an dich.*"

Vierte Phase

Kommen wir zur vierten Phase. Bitten Sie Ihren Doppelgänger erneut auf die Bühne. Ihr Doppelgänger hat die Show Ihres Helden in allen Details mit angesehen und wird nun versuchen, sowohl Ihre Tipps als auch die Ihres Beraters umzusetzen.

Stellen Sie sich die gesamte Szene noch einmal vor und schauen Sie aus der sicheren Distanz Ihres gemütlichen Stuhls, wie überzeugend und geschickt Ihr Doppelgänger die Situation spielt. Auch jetzt können Sie noch einige wertvolle Tipps geben und Ihren Doppelgänger anleiten.

Ziel ist es, dass Sie diese Szene durchspielen und sagen: "*Das ist es. Genau so soll es laufen.*" Wenn Sie soweit sind, wird es Zeit für die fünfte und letzte Phase.

Fünfte Phase

In dieser letzten Phase werden sie nun selbst aktiv. Danken Sie Ihrem Doppelgänger, schicken Sie ihn weg und begeben Sie sich nun vor Ihrem inneren Auge selbst auf die Bühne.

Ändern Sie die Szene: Sie sind nun nicht mehr der Beobachter, der die Szene aus der sicheren Distanz betrachtet. Sie sind in der Szene und erleben Sie als Betroffener: mittendrin. Durch Ihre Augen.

Das Ziel hierbei ist es, dass Sie sich genauso verhalten, wie Ihr Doppelgänger es Ihnen vorgemacht hat. Es geht Ihnen sicher mit Leichtigkeit von der Hand: Schließlich hat sich in den ersten Phasen des Theaterspiels das Netzwerk Ihres Unterbewusstseins bereits auf dieses positive Erlebnis eingestellt.

Versuchen Sie die Situation in Ihrer Vorstellungskraft so lebendig und intensiv wie möglich zu erleben. Genießen Sie es, wie Sie die Situation im Griff haben, und erfreuen Sie sich an Ihrem selbstsicheren, überzeugenden Auftritt. Denken Sie an die Bahnung: je emotionsgeladener (bitte positive Emotionen) Sie die Situation in Ihrer Phantasie erleben, desto größer ist die positive Veränderung in Ihrem Netzwerk.

Diese letzte, fünfte Phase ist die Kernphase, die Sie so oft wie möglich wiederholen können. Die Phasen 1-4 sind nur Vorbereitungen für diese Schlüssel-Phase, die Ihnen die Tür zum Erfolg öffnet.

Wenn Sie die Situation, auf die Sie sich vorbereiten wollen, perfekt inszeniert haben, benötigen Sie die ersten Phasen nicht mehr. Wenn Sie später Ihre Schatzinsel erneut betreten und dem Theatersaal einen Besuch abstatten wollen, reicht es aus, die fünfte Phase zu proben.

Ich empfehle Ihnen, nur jeweils eine Situation im Theatersaal zu trainieren. Wenn Sie mehrere Situationen oder Probleme bearbeiten, geraten Sie vielleicht durcheinander. Konzentrieren Sie Ihre gesamte Kraft auf die für Sie wichtigste Situation.

Sie werden mit dem Theatersaal erstaunliche Erfolge erzielen und Situationen bewältigen, die Ihnen vorher Angst eingejagten. Sie werden sehen, dass bereits ein einziger Besuch und das Durchspielen der fünf Phasen erstaunliche Effekte haben.

Nutzen Sie dieses machtvolle Werkzeug! Legen Sie gleich eine Situation fest, die Sie im Theatersaal bearbeiten werden.

DIE SCHATZINSEL-METHODE

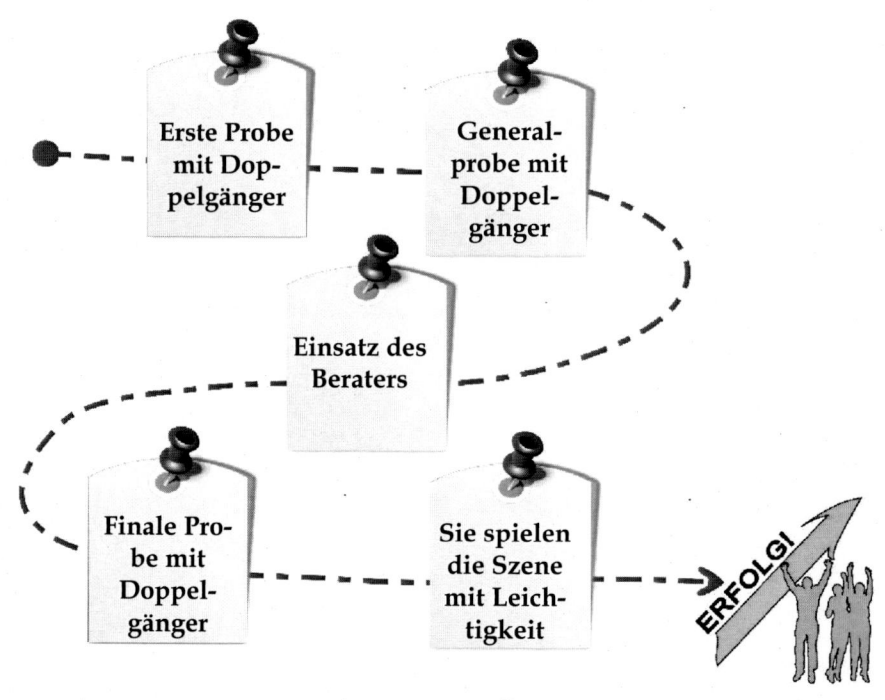

Erste Probe mit Doppelgänger
Generalprobe mit Doppelgänger
Einsatz des Beraters
Finale Probe mit Doppelgänger
Sie spielen die Szene mit Leichtigkeit
ERFOLG!

Hier die fünf Phasen noch einmal im Überblick:

- ✓ **Phase 1:** Ihr Doppelgänger spielt Ihre Rolle und Sie weisen ihn auf Fehler hin
- ✓ **Phase 2:** Generalprobe. Ihr Doppelgänger spielt überzeugend
- ✓ **Phase 3:** Ihr Berater ersetzt den Doppelgänger und spielt die Situation
- ✓ **Phase 4:** Ihr Doppelgänger spielt erneut und nutzt die Hinweise des Beraters
- ✓ **Phase 5:** Sie selbst betreten die Bühne

Meine Übung für den Theatersaal

Diese Situation bereitet mir Probleme/macht mir Angst:

_____

_____

Dies sind die Hauptpersonen der Situation:

_____

_____

Das ist mein Ziel im Umgang mit dieser schwierigen Situation:

_____

_____

Diese Eigenschaften benötige ich, um mein Ziel zu erreichen:

_____

_____

Diese Person besitzt diese Eigenschaften und könnte mir als Berater bei der Bewältigung helfen:

_____

_____

DIE SCHATZINSEL-METHODE

DER WEISSE STRAND. MIT DIESER TECHNIK GEWINNEN SIE IN SCHWIERIGEN SITUATIONEN DIE KONTROLLE ZURÜCK

© A. Friedrich / pixelio.de

Nachdem Sie nun eine Zeit lang drinnen im Theatersaal saßen, wollen Sie sich vielleicht wieder ein bisschen in der freien Natur bewegen und weiter Ihre Insel erkunden.

Wenn wir am Theatersaal vorbeigehen und dem Weg nach Norden folgen, kommen wir auf eine Abzweigung nach rechts. Nehmen Sie diese Abzweigung und lassen Sie den Theatersaal rechts liegen. Nach ein paar Metern kommen sie an einen wunderschönen, weißen und feinsandigen Strand.

Der weiße Strand ist ein magischer Ort: Wann auch immer Sie ihn betreten, es ist stets kurz vor der Morgendämmerung. Bald wird also die Sonne aufgehen. Dieses wunderschöne Naturereignis wollen Sie sich bestimmt nicht entgehen lassen.

Setzen Sie sich an einer gemütlichen Stelle in den weichen Sand und genießen Sie einen Moment lang das beruhigende Rauschen der Wellen.

Sicher haben Sie schon einmal einen Sonnenaufgang in all seiner Schönheit beobachtet. Rufen Sie jetzt diese Erinnerung ab und stellen Sie sich vor, wie Sie dort ganz ruhig und entspannt am Strand sitzen und diesem Zauber beiwohnen.

Lassen Sie sich dabei Zeit und geben Sie auch kleinen Details Raum. Stellen Sie sich vor, wie die Sonne ganz langsam am Horizont aufsteigt, sich im weiten Ozean spiegelt, wie die ersten Sonnenstrahlen den dunklen Himmel durchbrechen und langsam den wunderschönen weißen Strand in halbhelles Licht tauchen.

Der Sonnenaufgang ist ein ganz besonderes Erlebnis für alle Menschen. Unser Leben ist manchmal sehr chaotisch, unvorhersehbar und oft werden wir von unangenehmen Dingen überrascht. Trotz allem können wir uns auf eine Sache immer hundertprozentig verlassen: Egal wie hart der Tag war, am nächsten Morgen wird die Sonne aufgehen und uns mit ihrem Licht, Ihrer Wärme und Ihrer Energie beschenken.

DIE SCHATZINSEL-METHODE

In allen Kulturen ist der Sonnenaufgang ein Symbol der Hoffnung, der Zuversicht, der Dankbarkeit und der Schönheit. Alle Menschen verbinden mit dem Sonnenaufgang etwas ausgesprochen Schönes. Wenn Sie in Ihrer Erinnerung einen Sonnenaufgang erleben, werden Sie fühlen, dass positive Emotionen Sie durchströmen.

Wir wollen uns diese positive Energie zunutze machen und auch andere Bereiche, die wir bisher als weniger schön erlebten, an dieser Energie teilhaben lassen. Schauen wir uns jedoch zunächst an, wie negative innere Bilder aussehen.

Immer dann, wenn Sie sich eine schwierige Situation vorstellen, die Sie mit negativen Gefühlen verbinden, ja die Ihnen den Atem stocken lässt, können Sie feststellen: Ihr innerer Film dieser Szene oder Ihre inneren Bilder sind dunkel, eng, kraftlos und es werden kalte Farben vorherrschen. Wenn wir uns eine solche Situation immer wieder in diesen traurigen und kalten Farben vorstellen, werden wir irgendwann deprimiert und hoffnungslos.

Haben Sie schon einmal in einem Film ein Happyend gesehen, in dem alles dunkel, trostlos, matt und traurig war? Vermutlich nicht. Es passt einfach nicht zusammen. Schöne Szenen müssen in schöne Farben, schöne Geräusche und schöne Gefühle getaucht sein.

Doch welche Farben, Geräusche und Gefühle lösen bei Ihnen diese positive Grundeinstellung aus? Genau hier kommt unser Sonnenaufgang ins Spiel.

Setzen Sie sich an den weißen Strand und beobachten Sie den Sonnenaufgang. Achten Sie darauf, wie er in Ihrer Vorstellung aussieht. Fühlen Sie in sich hinein und schauen Sie, welche Emotionen Ihnen der Sonnenaufgang schenkt. Stellen Sie sich den Sonnenaufgang vor und beantworten Sie diese Fragen:

- Was sind die vorherrschenden Farben in Ihrem Sonnenaufgang?

- Wie erleben Sie den Raum um sich herum? Fühlen Sie eher eingeengt oder genießen Sie die Weite und Freiheit?

  _____

  _____

- Welche Temperatur erleben Sie in Ihrer Vorstellung? Ist es frisch, kalt, warm oder heiß?

  _____

  _____

- Wie erleben Sie Ihren Atem? Fällt es Ihnen leicht, zu atmen? Atmen Sie in den Bauchraum oder in Ihre Brust?

  _____

  _____

- Nehmen Sie einen leichten Wind wahr oder herrscht Windstille?

  _____

  _____

- Wie erleben Sie die Zeit: Scheint die Zeit langsamer als sonst zu vergehen oder eher schneller?

  _____

  _____

- Können Sie etwas hören? Vielleicht das Kreischen der Möwen oder das Rauschen der Wellen?

  _____

  _____

Versuchen Sie so intensiv wie möglich in sich hinein zu spüren und sich all die positiven Empfindungen des Sonnenaufgangs bewusst zu machen. Und während Sie das tun, können Sie möglicherweise schon auf eine ganz bestimmte Weise die Kraft dieser Positiv-Macher spüren. Vielleicht ist es ein Kribbeln im Solarplexus, ein bestimmtes positives Gefühl oder vielleicht merken Sie auch nichts Außergewöhnliches und die positive Kraft erfüllt Sie zunächst ganz unbemerkt. Sie können sich jedoch ganz sicher sein, dass jeder Gedanke, den Sie mit diesen Positiv-Machern anreichern, eine ganz neue, Erfolg versprechende Perspektive eröffnet.

Diese Positiv-Macher sind mächtige Verbündete. Sie wirken genauso wie Schalter, die Sie nach Belieben drücken können: Sie können damit auf Knopfdruck positive Veränderungen in Ihrem Denken herbeiführen.

Bevor Sie den weißen Strand betreten, sollten Sie eine Situation festlegen, die Sie bearbeiten wollen. Es können ganz einfache Dinge sein wie zum Beispiel der Hausputz, das Autowaschen, Hausaufgaben machen und so weiter.

Es können aber auch herausfordernde Dinge sein, wie wir Sie zum Beispiel im Theatersaal erlebt haben. Sie können sogar Ihre Situation aus dem Theatersaal mit an den weißen Strand nehmen.

Vergegenwärtigen Sie sich die Situation, die Ihnen negative Gefühle bereitet. Das Bild vor Ihrem inneren Auge wird farblich eher dunkel sein, Sie werden sich eingeengt fühlen und die gefühlte Temperatur wird entweder eiskalt oder sehr heiß sein. Wir machen nun Folgendes:

Wir nehmen die Positiv-Macher, die wir aus unserem Sonnenaufgang gewonnen haben, und bauen sie Schritt für Schritt in diese unangenehme Situation ein. Wir verändern die Merkmale des Bildes in unserem Kopf.

Stellen Sie sich den unangenehmen Zahnarztbesuch vor und tauchen Sie die ganze Szene in die intensiven Farben Ihres Sonnenaufgangs. Fühlen Sie die Weite des Raumes, den Wind, die frische Luft, hören Sie die Geräusche.

Sie werden etwas Erstaunliches erleben: Sobald Sie die Eigenschaften des Sonnenaufgangs (Ihre Positiv-Macher) in die unangenehme Vorstellung eingebaut haben, werden langsam aber sicher die meisten negativen Gefühle verschwinden und durch positive ersetzt werden.

Sie erleben die Situation, die bisher in Ihnen einen Schwall von negativen Gefühlen ausgelöst hat, als schön, befreiend und hoffnungsvoll. Wenn Sie dies regelmäßig und häufig machen, wird Ihr Unterbewusstsein sich neu vernetzen. Irgendwann werden Sie die ungeliebte Situation oder Tätigkeit dann viel angenehmer erleben.

Ein Besuch beim Zahnarzt, wenn dieser den Bohrer zückt, wird wahrscheinlich immer unangenehm bleiben. Sie können mit der eben beschriebenen Technik jedoch verhindern, dass der Gedanke daran regelrechte Angstzustände in Ihnen auslöst. Diese Technik eignet sich hervorragend dazu, Ihnen die nötige Kraft und Motivation zu geben, notwendige aber unangenehme Dinge zu erledigen. Sie können sie zum Beispiel wunderbar dazu nutzen, sich zum Sport zu motivieren. Oder leiden Sie unter Platz- oder Höhenangst? Der weiße Strand kann Ihnen Linderung verschaffen.

Der Besuch am weißen Strand kostet nicht viel Zeit. Ich empfehle Ihnen, ihm regelmäßig einen Besuch abzustatten und jedes Mal eine unangenehme Situation im Gepäck zu haben. Nach und nach werden Sie all das, was in Ihnen Angst oder unangenehme Gefühle auslöst, soweit verbessert haben, dass die Situation Sie nicht mehr beherrscht, sondern Sie die Situation im Griff haben.

Ich schlage Ihnen außerdem vor, die Herausforderungen, die Sie im Theatersaal durchspielen, mit an den Strand zu nehmen und mit Ihren Positiv-Machern zu überziehen. Auf diese Weise können Sie die Kraft der Theatersaaltechnik ins Ungeheuerliche steigern.

DIE TRUHE. SCHLIESSEN SIE NEGATIVE ERLEBNISSE EINFACH FÜR EINE ZEIT LANG WEG

© Ilse Dunkel (ille) / pixelio.de

Am weißen Strand erleben wir, wie wir unangenehme Ereignisse oder Situationen positiv einfärben können. Manchmal sind wir jedoch von einer Vielzahl an Problemen überwältigt. Es ist wenig hilfreich, alle Probleme gleichzeitig bearbeiten zu wollen. Wir würden uns verzetteln.

In einer solchen Situation hilft es, wenn wir uns auf das vorrangige Problem konzentrieren und alle übrigen erst einmal wegsperren.

Ich möchte Ihnen einen Ort auf Ihrer Schatzinsel zeigen, an dem es möglich ist, Probleme für eine Zeit lang zu „parken". Suchen Sie auf der Karte ganz im Norden der Insel den Ort namens „*Die Truhe*". Bewegen Sie sich in Ihrer Phantasie dort hin.

Nach einiger Zeit kommen Sie an einen kleinen, dichten Wald. Sie befinden sich jetzt am nordwestlichen Zipfel der Insel. Obwohl Sie lediglich einige Hundert Meter gegangen sind, kommt es Ihnen so vor, als seien Sie unendlich weit vom Zentrum der Insel entfernt. Es wirkt alles still und verlassen auf Sie.

Nach einigen weiteren Schritten stehen Sie vor einem kleinen Tempel. Er ist schlicht gebaut und besteht aus einem einzigen Raum. Drinnen befindet sich gegenüber des Eingangs eine schwere, hölzerne Truhe. An der linken Seite des Tempels befindet sich ein kleiner Tisch mit Geschenkpapier, einer Schere, Schnüre in verschiedenen Farben und Klebeband. Auf der rechten Seite sehen Sie ein Waschbecken aus Marmor.

Gehen Sie nach links an den Tisch mit dem Geschenkpapier.

Legen Sie jetzt zunächst Ihr Problem, dass Sie belastet und Ihnen den Schlaf raubt, auf den Tisch: Suchen Sie ein Symbol, das für diese unangenehme Situation oder Erinnerung, den Streit, die Niederlage oder die zukünftige Herausforderung steht.

Nehmen wir an, Sie haben in einigen Wochen ein Vorstellungsgespräch, das in Ihnen einen Schwall unangenehmer Gefühle auslöst. Sie möchten nicht, dass sich diese negativen Gedanken dauernd in Ihr Bewusstsein drängen und Ihre Energie stehlen.

DIE SCHATZINSEL-METHODE

Suchen Sie zunächst irgendein Symbol oder einen Gegenstand aus, der das Vorstellungsgespräch repräsentiert. Dies kann die Stellenanzeige sein, auf die Sie geantwortet haben, Ihre Bewerbungsmappe oder irgendetwas anderes, das Sie mit diesem Ereignis verbinden.

Legen Sie dieses Symbol auf den Tisch und packen Sie es sorgfältig in Geschenkpapier ein. Stellen Sie sich dieses Einpacken in allen Details vor: Schneiden Sie ein ausreichend großes Stück Geschenkpapier von der Rolle Ihrer Wahl ab, legen Sie Ihren Gegenstand darauf, falten Sie das Papier und fixieren Sie es mit Klebeband. Suchen Sie sich ein Geschenkband aus und machen Sie ein schönes Schleifchen an das Geschenk.

Sie fragen sich jetzt vielleicht, warum Sie ausgerechnet Geschenkpapier für diese unangenehme Situation auswählen. Nun, das ist der erste Schritt, um in Ihrem Netzwerk eine positive Verknüpfung zu dieser Angelegenheit aufzubauen.

Außerdem befinden Sie sich gerade in einer unangenehmen und schwierigen Situation. Herausforderungen zu überwinden ist der schönste Weg, um persönlich zu wachsen. So unangenehm solche Situation auch sein mögen: Auf eine gewisse Weise sind sie immer auch Geschenke, nicht wahr?

Wenn Sie das Geschenk nun so verpackt haben, dass Sie zufrieden sind, nehmen Sie es und gehen Sie zu der schweren, hölzernen Truhe. An einem Haken an der Wand hängt der Schlüssel. Nehmen Sie den Schlüssel, stecken Sie ihn in das Schloss und drehen Sie ihn herum. Öffnen Sie nun den Deckel der Truhe. Sie werden sicher beide Hände benutzen müssen, denn der Deckel ist schwer. Legen Sie das Geschenk irgendwo in der Truhe ab.

Jetzt kommen ein paar Sekunden, die sehr wichtig sind. Stellen Sie sich vor, wie Sie von oben in die Truhe blicken und das soeben hineingelegte Geschenk betrachten. Schließen Sie dann langsam die Truhe und achten Sie darauf, wie der Deckel sich immer weiter schließt, das Innere der Truhe immer dunkler wird und schließlich nichts mehr von dem Geschenk zu sehen ist. Drehen Sie den Schlüssel um die Truhe zu verschließen und hängen Sie ihn wieder an den Haken.

Gehen Sie jetzt nach rechts zum Waschbecken. Lassen Sie angenehm kühles Wasser über Ihre Hände laufen, sodass Sie von dieser störenden Situation gereinigt sind. Sie können nun den Tempel wieder verlassen.

Vielleicht spüren Sie bereits jetzt ein großes Gefühl der Erleichterung. Vielleicht spüren Sie aber auch noch nichts Besonderes. Das ist in Ordnung, denn innere Prozesse brauchen manchmal ein wenig Zeit, bis sie sich bemerkbar machen.

Es kann vorkommen, dass sich die unangenehme Situation, bzw. das Problem, wieder in Ihr Bewusstsein drängt. Wenn Sie dies bemerken, stellen Sie sich den Moment vor, wie Sie von oben in die Truhe schauen und dabei langsam den schweren Deckel schließen. Dies sollte Ihnen helfen und verhindern, dass sich negative Gedanken zu sehr aufdrängen. Je öfter Sie sich diesen Schlüsselmoment vorstellen, desto weniger wird der Gedanke Sie belästigen.

Beachten Sie, dass die Truhe nicht dafür geeignet ist, Dinge für immer weg zu sperren. Wer würde ein Geschenk dort vermodern lassen? Sie können Dinge nicht ewig wegsperren. Das klappt lediglich für eine gewisse Zeit, wenn wir gerade Wichtigeres zu tun haben und uns den Rücken freihalten wollen.

Irgendwann kommen die Dinge jedoch wieder zum Vorschein. Sie wollen jedoch nicht überrascht werden: Behalten Sie lieber die Initiative und holen Sie Ihr Geschenk hervor, sobald Sie die Möglichkeit dazu sehen.

**DIE GALERIE DER SIEGE.
ACHTUNG. LEGALES DOPING.
EIN KONZENTRAT AUS IHREN
EIGENEN
ERFOLGSERLEBNISSEN GIBT
IHNEN IHRE POWER ZURÜCK**

Lassen Sie uns den Tempel mit der Truhe wieder verlassen. Gehen Sie gedanklich in Richtung der Galerie der Siege.

Wenn Sie das kleine Waldstück, das den Tempel mit der Truhe umgibt, verlassen, erkennen Sie rechts vom Weg auf einer Wiese ein prächtiges Gebäude. Es hat eine gewisse Ähnlichkeit mit dem Theatersaal.

Links und rechts des pompösen Eingangs erheben sich jeweils zwei schwere, hohe Säulen. Diese Säulen tragen das Vordach des Tempels, das mit zahlreichen Büsten, kleinen Statuen und Symbolen versehen ist.

Das Gebäude vermittelt Ihnen Größe, Kraft und Zuversicht. Dies ist die Galerie der Siege. Ein ganz besonders schöner Ort auf Ihrer Schatzinsel: In diesem Gebäude werden Sie sich Ihrer Siege bewusst und dürfen sich ganz ungehemmt selbst feiern.

Vielleicht denken Sie im Moment noch: *"Diese Galerie wird für mich ein ziemlich trauriger Ort sein. Oder besser gesagt: ein ziemlich leerer Ort."* Es ist leider eine sehr menschliche Eigenschaft, dass Siege nicht lange im Gedächtnis haften bleiben.

25 % unserer täglichen Gedanken sind auf Negatives ausgerichtet. Nur 3 % sind positive Gedanken. Auf diese Weise halten wir uns dauernd unsere Probleme und Niederlagen vor Augen und vergessen, dass jeder von uns in seinem Leben schon viele Erfolge erlebt hat.

Denken Sie einen Moment lang über Ihr Leben nach und finden Sie einen dieser Erfolge. Vielleicht gibt es sogar ein besonderes Ereignis, an das Sie regelmäßig zurückdenken. Solche Siege sind dann mehr als lediglich vergangene Ereignisse. Sie sind uns in der Gegenwart wahre Schätze - pures mentales Gold.

Wenn Sie an einen vergangenen Erfolg denken und sich die Situation vor Ihrem inneren Auge so detailliert und farbenfroh wie möglich vorstellen, passiert das hier: Sie erleben, wenn auch in abgeschwächter Form, die gleichen positiven Emotionen, die Sie damals wirklich hatten.

Je öfter Sie sich die Situation vorstellen und je öfter Sie es zulassen, dass die positiven Emotionen aus der Vergangenheit in die Gegenwart gezogen werden, desto stärker werden Sie den vergangenen Sieg im Hier und Jetzt spüren. Er gibt Ihnen Kraft, Zuversicht, Selbstsicherheit und Mut. Dies sind Eigenschaften, die wir gut gebrauchen können.

Es ist schade, dass viele Erlebnisse, die wir damals als glänzende Siege und grandiose Erfolge erlebt haben, irgendwann in der Vergessenheit versunken sind und uns nicht zur Verfügung stehen. Wäre es nicht schön, wenn es einen Ort gäbe, an dem unsere vergangenen Erfolge präsentiert werden würden? Einen Ort, an dem wir uns umschauen und voller Stolz sagen könnten: *"Dies alles habe ich bereits erreicht. Dies alles sind Erfolge, die ich aus eigener Kraft in mein Leben gebracht habe. Und ich kann noch viel mehr erreichen!"*

Die Galerie der Siege ist genau der richtige Ort dafür. Sie werden nach und nach die Erfolge Ihres Lebens zusammentragen und ihnen einen würdigen Platz in der Galerie bieten. Sie werden diese Erfolge aus der Vergangenheit in die Gegenwart holen.

Wann immer Sie eine schwierige Aufgabe vor sich haben und eine Extraportion Mut und Zuversicht benötigen, schreiten Sie durch die Galerie und berauschen sich an Ihren vergangenen Erfolgen – Sie nehmen eine 100 % legale Erfolgsdroge!

Da viele Menschen sich häufiger mit ihren Niederlagen und Problem befassen als mit ihren Erfolgen, fällt es ihnen anfangs schwer, sich an Erfolgserlebnisse zu erinnern. Viele sagen: *"Ich habe noch keine großen Erfolge erlebt, an die es sich zu erinnern lohnt."* Meistens jedoch zeigt ein zweiter Blick: Jeder Mensch hat eine Vielzahl an Erfolgen in seinem Leben vorzuweisen.

Lassen Sie es uns direkt versuchen und Ihrer Galerie, die bisher noch leer ist, dass erste Erlebnis hinzufügen. Vielleicht haben Sie ja bereits ein Ereignis im Kopf, dass in Ihnen eine Flut an positiven Gefühlen auslöst. Behalten Sie diesen Sieg im Hinterkopf und nehmen Sie ihn mit in die Galerie der Siege.

Falls Ihnen nichts eingefallen ist, denken Sie noch etwas nach. Wenn wir von Siegen und Erfolgen sprechen, sind damit nicht nur die großen Dinge wie entscheidende Karrieresprünge, finanzielle Gewinne oder einen Sieg beim Marathonlauf gemeint.

Allein die Stärke der positiven Emotionen, die Sie damals empfunden hatten, ist ausschlaggebend. Auch vermeintlich kleine Dinge können große Bedeutung für uns haben.

- Vielleicht haben Sie einmal eine Diät gemacht und waren sehr diszipliniert dabei. Am Ende hatten sie Ihr Ziel sogar übertroffen. Wie hat sich das angefühlt?
- Vielleicht hatten Sie damals in der Schule bei den Bundesjugendspielen eine Ehrenurkunde bekommen. Erinnern Sie sich daran, wie stolz Sie waren, als Ihnen die Urkunde überreicht wurde?
- Denken Sie zurück an das Gefühl, als der Fahrprüfer Ihnen nach erfolgreicher Prüfung den Führerschein überreichte. War das nicht ein großartiger Moment?
- Sie wurden monatelang von jemandem schikaniert und eingeschüchtert. Irgendwann hatten Sie die Nase voll und setzten sich durch. Holen Sie sich diese Situation ins Hier und Jetzt und erleben Sie erneut den Triumph.
- Haben Sie vielleicht einmal einen Wettbewerb gewonnen? Vielleicht einen Sportwettkampf, ein Buchstabier-Wettbewerb, ein Schachturnier, einen Schönheitswettbewerb oder etwas ganz anderes? Die Erinnerung an diesen Sieg sollten Sie bewahren.

Wenn Sie Ihre Suche nach Erfolgen in der Zeit beginnen lassen, in der Ihre Erinnerung einsetzt, und Sie sich dann langsam Richtung

DIE SCHATZINSEL-METHODE

Gegenwart vorarbeiten, werden Sie etliche Erfolgserlebnisse finden. Seien Sie dabei nicht bescheiden. Wenn wir die Galerie der Siege betreten, wäre Bescheidenheit fehl am Platz. Ich weiß nicht, ob Sie schon bemerkt haben, dass Sie über eine Vielzahl an starken Erinnerungen an Ihre Siege verfügen. Vielleicht ist der Anfang schwierig, aber wenn Sie eine Zeit lang gezielt nach Sieges-Erlebnissen gesucht haben, können Sie es regelrecht nicht mehr verhindern, dass immer weitere positive Erinnerungen in Ihr Bewusstsein strömen.

Im Moment reicht es uns jedoch, wenn Sie ein einziges Ereignis auswählen. Nach und nach werden wir weitere Erfolgserlebnisse hinzufügen.

Lassen Sie uns nun die Galerie der Siege betreten. Öffnen Sie in Ihren Gedanken die Tür und betreten Sie den Innenraum. Sie sehen einen großen, wunderschön verzierten Raum. Links und rechts an den Wänden befinden sich kunstvoll ausgeschmückte Regale, die derzeit noch leer sind.

Holen Sie sich Ihr Erfolgserlebnis in Ihre Gedanken. Erleben Sie es in Ihrer Vorstellung erneut und achten Sie darauf, es sich so detailliert und emotional wie möglich vorzustellen. Nutzen Sie all Ihre Sinne. Stellen Sie sich nicht nur einen Film vor, sondern die dazugehörigen Geräusche, Empfindungen und Gerüche.

Unser Ziel ist es, einen Schnappschuss zu machen. Gehen Sie das Erfolgserlebnis ein paarmal durch. Suchen Sie den Höhepunkt dieser Szene. Er ist der Moment, an dem Sie bildlich gesprochen gerade dabei sind die Faust in die Luft zu schlagen und zu rufen: "*Ja! Ich hab's geschafft!*"

Halten Sie diesen Moment mental auf einem Foto fest. Stellen Sie es sich in einem wunderschönen Rahmen vor. Wie Sie den Rahmen gestalten, ist ganz Ihrem Geschmack überlassen: Vielleicht mögen Sie Metallrahmen, Holzrahmen oder lieber etwas Ausgefalleneres. Es müssen nicht alle Erfolgserlebnisse denselben Rahmen haben. Suchen Sie doch einfach einen Rahmen aus, der zu der Szene passt.

Stellen Sie sich vor, wie Sie dieses Bild, auf dem der Höhepunkt Ihres Erfolgs zu sehen ist, mit beiden Händen vor sich halten. Schauen Sie sich jetzt in der Galerie der Siege um und suchen Sie einen schönen Platz für das Erfolgserlebnis. Gehen Sie dorthin und stellen Sie das Bild vorsichtig auf den Platz Ihrer Wahl.

Wenn Sie möchten, besuchen Sie die Galerie der Siege regelmäßig, vielleicht einmal die Woche oder häufiger, und genießen Sie es, sich an den vergangenen Siegen zu berauschen.

Wenn Sie das Gebäude betreten, sehen Sie vor Ihrem inneren Auge die Bilder, die Sie vorher dort abgelegt haben. Streifen Sie umher, schauen Sie sich die Bilder an und erleben Sie die dargestellten Erfolgserlebnisse erneut. Wenn Sie bereits einige Bilder hinzugefügt haben, können Sie der Reihe nach alle Szenen erneut durchleben. Nutzen Sie so viele Sinne wie möglich und erzeugen Sie große Emotionen.

Die Galerie der Siege ist ein Ort des Triumphs, nicht der Bescheidenheit. Sie werden bemerken, dass Sie mit der Zeit sehr starke Emotionen aufbauen. Sie spüren große Begeisterung und Zuversicht. Stellen Sie sich vor, wie Sie in Ihrer Galerie stehen und laut *"Ja! Ich bin ein Siegertyp!"* rufen, die Faust in die Luft strecken und sich in einem regelrechten Erfolgsrausch befinden.

Nutzen Sie die Kraft Ihrer Erfolgserlebnisse. All das Großartige, was Sie bisher erreicht haben, darf nicht in der Vergangenheit verrotten. Holen Sie sich Ihre Siege in die Gegenwart. Dopen Sie sich mit Ihrer ganz individuellen Erfolgsdroge!

DIE SCHATZINSEL-METHODE

DIE BUCHT DES INNEREN FRIEDENS

© Christina Zitz / pixelio.de

Wünschen Sie sich auch manchmal, den stressigen Alltag hinter sich lassen zu können? Einfach in Ruhe abzuschalten? Vom Alltagsstress einen Kurzurlaub zu nehmen? Auf Ihrer Schatzinsel gibt es einen Ort, der Ihnen das bietet: die Bucht des inneren Friedens.

Hier ist der Ort, an dem Sie ganz entspannt sein können. Sie dürfen bleiben, solange Sie wollen. Hier gibt es weder Jobs noch Projekte. Keine Verantwortlichkeiten, keinen Stress, keine Pflichten. Die Bucht des inneren Friedens ist ein Ort, an dem Sie sich selbst vergessen können.

Sie verweilen dort, liegen in der Sonne, nehmen ein Bad, rudern mit einem kleinen Boot zur Mitte der Bucht und vergessen all die anderen Dinge, die Ihnen das Leben sonst so schwer machen. Lassen Sie uns diesen wunderbaren Ort gemeinsam erkunden.

Suchen Sie auf der Karte das *"Tor des reinigenden Nebels"* und begeben Sie sich, wenn Sie möchten, direkt dorthin. Links und rechts von diesem Tor wächst eine dicke Hecke, die mindestens drei oder vielleicht sogar vier Meter hoch ist. Sie umschließt den gesamten Bereich der Bucht des inneren Friedens. Niemand kann also von außen hinein sehen.

Stellen Sie sich vor, wie Sie weiter auf das Tor des reinigenden Nebels zugehen. Es ist ein steinernes, aber dennoch leicht wirkendes Tor, unter dessen Torbogen ein in der Sonne glitzernder blauer Nebel schwebt. Dieser Nebel hat eine besondere Eigenschaft: Er reinigt.

Schwer beladen mit all dem Alltagsstress, mit Problemen, Geldsorgen, Enttäuschungen und der Last Ihrer Verantwortung gehen Sie auf das Tor zu. Mit dieser Last im Gepäck werden Sie sich nicht entspannen können. Sobald sie unter dem Torbogen stehen, wird der bläulich schimmernde Nebel noch dichter und Sie spüren eine angenehme Frische auf Ihrer Haut.

Stellen Sie sich diesen Nebel vor Ihrem inneren Auge so plastisch wie möglich vor und spüren Sie, wie Sie sich vielleicht jetzt schon ein bisschen leichter fühlen als vorher, wie als wäre der Ballast im Nebel abgebröckelt. All die Sorgen und Nöte müssen draußen bleiben und dürfen die Bucht des inneren Friedens nicht betreten. Selbst Ihre Kleidung bleibt draußen: Wenn Sie das Tor des reinigenden Nebels durchschreiten und aus dem Nebel heraustreten, staunen Sie: Sie haben ein ganz neues Outfit!

Vielleicht tragen sie Badekleidung, vielleicht ein Hawaiihemd und Shorts? Stellen Sie sich vor, wie Sie genau die Kleidung tragen, die Sie mit Entspannung, Sonne, Wohlgefühl, Zeitüberfluss und Ruhe verbinden.

Vor ihnen liegt die einladendste Bucht mit dem schönsten Strand, den Sie je gesehen haben. Das Wasser in der Bucht ist ganz ruhig und strahlend blau, während der feinsandige Strand in der Sonne glänzt. Wenn Sie dem Weg noch ein paar Meter folgen, stehen Sie vor einer wunderschönen Terrasse.

Auf dieser Terrasse finden Sie alles, was Ihr Herz begehrt: einen bequemen Liegestuhl, einen großen Sonnenschirm, eine Schale mit frischem Obst und eine reichliche Auswahl an gekühlten Getränken, die von Softdrinks über Bier bis zu Cocktails keine Wünsche offen lässt.

Hören Sie mit Ihrem inneren Ohr genau hin: Außer den Wellen, dem erfrischenden Wind und vielleicht ein paar Seemöwen hören Sie: nichts. Stellen Sie sich vor, wie Sie es sich auf dem Liegestuhl bequem machen, den Sonnenschirm zurecht rücken, an einem erfrischenden Getränk nippen und einfach nur da liegen und genießen. Spüren Sie, wie die Sonne Ihren Körper verwöhnt und jeder Rest von Stress und Sorgen von Ihnen weicht.

Bleiben Sie in Gedanken bei diesem Bild, wie Sie dort an dieser traumhaften Bucht im Liegestuhl liegen. Bleiben Sie eine Zeit lang in diesem wunderschönen Bild und bemerken Sie, wie Sie immer ruhiger und entspannter werden.

Vielleicht bevorzugen Sie lieber das Meer statt der Terrasse. Ein kleines Stückchen weiter am Strand liegt ein Ruderboot. Wenn Sie möchten, rudern Sie in die Mitte der Bucht und finden Sie dort inneren Frieden und Entspannung.

Ein Besuch der Bucht des inneren Friedens ist wie ein Kurzurlaub. Sie können dort Kraft tanken, sich von Ihren Problemen entfernen und wieder klare Gedanken fassen. Ich empfehle Ihnen den Besuch immer dann, wenn Sie eine sehr stressige Phase erleben und zu neuen Kräften kommen wollen.

Sie sollten die Bucht des inneren Friedens nur dann betreten, wenn Sie ein bisschen Zeit mitbringen. Wie wäre es mit 10 oder vielleicht 15 Minuten? Sie werden staunen, wie erfrischt und erleichtert Sie sich nach diesem mentalen Sonnenbad fühlen.

DIE SCHATZINSEL-METHODE

DER KONFERENZRAUM. SCHWIERIGE ENTSCHEIDUNGEN SOLLTEN SIE NICHT ALLEIN TREFFEN. WOZU HABEN SIE EINEN BERATERSTAB?

© S. Hofschlaeger/ pixelio.de

Richtige Entscheidungen zu treffen ist eine Fähigkeit, die alle erfolgreichen Menschen auszeichnet. Viele Leute treffen nicht gern Entscheidungen. Oftmals sind die Konsequenzen nicht rückgängig zu machen und viele Menschen wollen sich nicht festlegen.

Hierbei spielen Emotionen eine große Rolle. Gerade bei größeren Entscheidungen. Niemand findet es schwierig, eine Entscheidung zwischen Erdbeer- oder Schokoladeneis zu treffen. Wie sieht es jedoch bei größeren Entscheidungen aus? Soll ich den Sprung in die Selbstständigkeit wagen oder lieber Angestellter bleiben? Soll ich ein Haus kaufen und mich verschulden, oder lieber zur Miete wohnen? Lasse ich mich auf das Projekt ein, obwohl es Risiken birgt?

Diese Entscheidungen haben Konsequenzen für viele Jahre. Es geht um Familie, finanzielle Sicherheit und die eigene Existenz. Viele Menschen schrecken vor den möglichen Folgen zurück und verzichten darauf, eine Entscheidung zu treffen. Sie leben einfach so weiter wie bisher und lassen sich treiben.

Wenn wir unserem Leben Richtung geben und Ziele erreichen wollen, müssen wir Entscheidungen treffen. Am Ende dieses Kapitel werden Sie eine Methode beherrschen, mit der Sie die Anzahl Ihrer Entscheidungen, die sich im Nachhinein als richtig erweisen, erheblich steigern können.

Da Entscheidungen so wichtig sind, sollten Sie sie nicht an irgendeinem beliebigen Ort treffen. Sie sollten sie besser an einem Ort, an dem Sie ungestört sind und dessen angenehme Atmosphäre Ihnen gut tut, durchdenken.

Dieser Ort ist der Konferenzraum auf Ihrer Schatzinsel. Betreten Sie das Gebäude. Sie stehen nun im Konferenzraum.

Sie sehen einen sehr edel eingerichteten Raum mit einem großen, hölzernen Tisch in der Mitte. Sie sind übrigens der Chef dieser Besprechung, also nehmen Sie am Kopf des Tisches Platz. Stellen Sie sich alles so genau und intensiv wie möglich vor.

DIE SCHATZINSEL-METHODE

Sie wollen heute eine wichtige Entscheidung treffen und möchten sich mit Ihren Beratern konsultieren. Sie können jeden Berater einladen, der zu Ihrem Thema etwas zu sagen hat. Stellen Sie sich vor, wie nach und nach die von Ihnen eingeladenen Berater am Tisch Platz nehmen.

Die wichtigsten Berater, die fast immer etwas beitragen können, sind:

- der Familienberater
- der Karriereberater
- der Gesundheitsberater
- der Freizeitberater
- der Sozialberater
- der Spiritualitätsberater

Stellen Sie sich vor, wie Sie das Wort ergreifen und Ihren Beratern die Möglichkeiten, über die Sie entscheiden wollen, darstellen: *"Wir sind heute hier um eine Entscheidung über meine berufliche Zukunft zu fällen. Ich möchte heute eine Entscheidung treffen, ob ich Angestellter bleibe oder mich selbstständig mache."*

Nun dürfen die Berater der Reihe nach ihre Meinung zu den Möglichkeiten darstellen. Die Berater sind nicht objektiv. Sie vertreten nur ihren eigenen Verantwortungsbereich.

Stellen Sie sich vor, wie der Familienberater das Wort ergreift. In seinem Plädoyer hat er nur das Wohl der Familie im Sinn. Versetzen Sie sich in seine Rolle und geben Sie ein kurzes Statement aus Sicht des Familienberaters ab. Am Ende des Plädoyers hat jeder Berater die Gelegenheit zu sagen, welche von den gegebenen Möglichkeiten er bevorzugen würde.

Natürlich kann er auch sagen, dass diese Fragestellung seinen Bereich nicht berührt oder dass er derzeit keine Antwort weiß. In unserem Beispiel könnten die Antworten der Berater lauten:

Familienberater:

"Aus Sicht der Familie erscheint es günstiger, wenn du Angestellter bleibst. Wir haben zwar wenig Geld, aber wir kommen über die Runden und wir haben vor allen Dingen viel Zeit füreinander. Versuchst du die Selbstständigkeit, könnte das die Familie in den finanziellen Ruin treiben und vor allen Dingen hättest du viel weniger Zeit. Die ist jedoch wichtiger als Geld. Ich bin also dagegen."

Karriereberater:

"Der Job als Angestellter ist eine Sackgasse. Du kommst hier nicht weiter. In der Selbständigkeit könntest du richtig Karriere machen und wesentlich mehr Geld verdienen. Du hast genug Erfahrung und Können um das durchzuziehen. Jetzt wirst du von deinem Arbeitgeber ausgebeutet. Es ist Zeit, einen Karriereschritt nach vorn zu machen. Ich bin dafür."

Gesundheitsberater:

"In der Selbstständigkeit musst du viel mehr arbeiten. Gleichzeitig wirst du viel mehr Stress haben, weil ein Versagen deine finanzielle Existenz ruiniert. Jetzt, als Angestellter, bist du ziemlich frei von Stress. Außerdem hast du jetzt genug Zeit, dreimal die Woche Sport zu machen. Ich befürchte, als Selbstständiger wirst du diese Zeit nicht mehr haben. Ich bin dagegen."

Freizeitberater:

...

Sozialberater:

...

Und so weiter.

Doch letztendlich haben Sie das Wort. Sie treffen die Entscheidung. Sie haben nun Ihre Berater gehört und Ihr Problem von verschiedenen Seiten betrachtet. Entweder Sie treffen jetzt eine Entscheidung, oder Sie vertagen sie. Wenn Sie sie vertagen, nennen Sie einen Zeitpunkt, wann genau die nächste Konferenz stattfindet.

Sie sollten wichtige Entscheidungen nicht übers Knie brechen. Manchmal ist es hilfreich, wenn wir nach der Konferenz noch eine Nacht über das Problem schlafen, und erst am nächsten Tag eine Entscheidung treffen. Sie sollten jedoch die Entscheidung nicht ewig aufschieben.

Vielleicht fragen Sie sich gerade, was diese Sache mit den Beratern soll. Ich möchte Ihnen das erklären: Unsere Persönlichkeit besteht aus vielen verschiedenen Facetten und wir tun gut daran, sie alle gleichermaßen zu berücksichtigen.

Sie kennen Situationen, bei denen Sie eine Entscheidung getroffen haben und gleichzeitig ein unbestimmtes, negatives Gefühl hatten. Das kommt daher, dass Sie eine Entscheidung aus der Sicht zum Beispiel der Karriere getroffen haben, und dabei andere Aspekte wie die Familie oder die Freizeit außer Acht gelassen haben. Die Teilbereiche unseres Lebens, die wir ignoriert haben, melden sich früher oder später zu Wort. Sie sollten deshalb all Ihren Persönlichkeitsaspekten und Rollen, die Sie innehaben, den Raum geben, Ihre Sicht auf die Fragestellung darzustellen.

Durch das Einschalten der Berater legen wir die Vor- und Nachteile aus Sicht der einzelnen Teile unseres Lebens auf den Tisch. Sie treffen dann eine Entscheidung und womöglich fällt diese Entscheidung zuungunsten einiger Rollen unseres Lebens aus. Sie haben diese Entscheidung aber bewusst getroffen und Sie haben sich vorher Gedanken über alle Konsequenzen gemacht. Es wird Ihnen viel leichter fallen, diese Entscheidung anzunehmen und tatkräftig umzusetzen.

Außerdem bewahrt Sie diese Methode davor, einseitig, zum Beispiel aus finanzieller Sicht, eine Entscheidung zu treffen und wesentliche andere Aspekte Ihres Lebens auszuklammern.

DER SEE DER REINIGUNG. PERMANENTE KÖRPERLICHE ANSPANNUNG ZERMÜRBT SIE. NEHMEN SIE VORHER LIEBER EIN MENTALES ENTSPANNUNGSBAD

© Rainer Klinke / pixelio.de

Einen ganz ähnlichen Zweck wie die Bucht des inneren Friedens erfüllt der See der Reinigung. Während jedoch die Bucht des inneren Friedens vor allen Dingen Ihren Geist beruhigt, wird der See der Reinigung Ihren Körper entspannen.

Negative Gedanken, Stress, Ärger und Selbstzweifel nehmen nicht nur Einfluss auf Ihr geistiges Wohlbefinden. Körper und Geist bilden eine Einheit. Sie sind miteinander verknüpft. Wenn Sie in Ihrem Leben eine stressige, nervenaufreibende Phase durchleben, werden Sie das auch an Ihrem Körper spüren: Muskuläre Verspannungen, Kopfschmerzen, Müdigkeit, ein geschwächtes Immunsystem und Verdauungsbeschwerden können die Folgen sein.

Es ist sinnvoll bei körperlichen Beschwerden einen Arzt zu konsultieren. Gleichzeitig können Sie Ihren Körper durch Mentaltechniken stärken. Stress-Symptome wie Verspannungen und Kopfschmerzen lassen sich oft in Eigenregie lindern: mit einem mentalen Bad im See der Reinigung.

Dieser See ist nicht mit gewöhnlichem Wasser gefüllt. Sein Wasser besitzt eine glitzernd hellblaue Farbe. Gleichzeitig wirkt das Wasser leicht, wie als wäre es eher Nebel als Wasser.

Genießen Sie die friedliche Stille und den Anblick des herrlichen Wassers. Schauen Sie nach links. Dort erheben sich majestätisch die Berge der Dankbarkeit. Von dort sehen Sie einen kleinen verschlungen Bach hinab fließen. Dieser mündet im See der Reinigung und speist ihn.

Sie werden nun ein herrliches, erfrischendes Bad im See der Reinigung nehmen. Wenn Sie möchten, können Sie Ihre Kleider ablegen oder anbehalten. Egal, wie Sie sich entscheiden, schauen Sie an sich herab: Wenn Sie genau hinschauen, bemerken Sie, dass Ihr gesamter Körper mit einer grau-braunen, verkrusteten Schicht überzogen ist. Dies ist der Stress, den Sie gerade mit sich herumschleppen.

Diese graue, hartgetrocknete Masse lässt Ihre Bewegungen steif und langsam sein. Der unnütze Ballast zieht Sie nach unten und erfordert bei jedem Schritt einen erhöhten Kraftaufwand. Gehen Sie nun, so verkrustet, wie Sie sind, zum Wasser und spüren Sie mit jedem Schritt, wie schwer und steif Ihre Bewegungen sind.

Stellen Sie sich nun vor, wie Sie einen Fuß langsam in das Wasser tauchen: Sie spüren sofort eine angenehme Kühle. Spüren Sie, wie das geheimnisvolle Wasser Ihrem Fuß Energie und Kraft zuführt und die grau-braune Kruste aufweicht. Nach und nach fällt die Schlacke von Ihnen ab und löst sich im Wasser des Sees auf.

Gehen Sie weiter in das angenehme Wasser. Spüren Sie so intensiv wie möglich, wie das Wasser angenehm kühlt und mit der grauen Kruste all die Schwere, die Verspannungen und der Stress abfallen. Gehen Sie so weit ins Wasser, wie Sie möchten.

Formen Sie Ihre Hände zu einer Schale und waschen Sie sich die Kruste auch von Kopf und Gesicht ab. Besonders am Kopf ist die Erleichterung sofort zu spüren und Sie erleben ein Gefühl von Frische und Energie. Waschen Sie sich so lange im See der Reinigung, bis sich die Kruste restlos von Ihnen abgelöst hat und Sie ein deutliches Gefühl der Leichtigkeit, Frische und Energie spüren.

Wenn Sie genug gebadet haben, steigen Sie aus dem See und lassen Sie sich von der Sonne trocknen. Spüren Sie mit allen Sinnen die Leichtigkeit, Freiheit und die Energie, die Ihren Körper durchfließt.

Ein Bad im See der Reinigung koste nicht viel Zeit. Fünf Minuten reichen vollkommen, um Sie zu energetisieren. Wobei nichts dagegen spricht, länger zu baden. Das Allerwichtigste ist, dass Sie ein gutes Gefühl dabei haben.

Besuchen Sie den See der Reinigung am besten abends, wenn Sie einen stressigen Tag erlebt haben. Auf diese Weise können Sie Ihren Körper und auch Ihren Geist beruhigen. Sie werden wesentlich besser schlafen, wenn Sie sich vorher die grau-braune Stress-Schlacke abgewaschen haben.

DER PAVILLON DER HEILUNG. UNTERSTÜTZEN SIE IHREN KÖRPER AKTIV BEIM HEILUNGSPROZESS

© H.D.Volz / pixelio.de

Da wir gerade in der Nähe sind, wollen wir dem Pavillon der Heilung einen Besuch abstatten. Als wir uns über die Wirkung von Placebos und Nocebos unterhalten haben, haben Sie sich vielleicht gefragt, ob es nicht möglich ist, die eigenen Gedanken zu Heilungszwecken einzusetzen. Leider ist die Wirkung der Gedanken auf den Körper und seine Heilungsprozesse noch nicht so weit erforscht, dass man damit zuverlässig und systematisch heilen könnte.

Deshalb sollten Sie sich nicht alleine auf die Kraft Ihrer Gedanken verlassen, wenn Sie sich krank fühlen. Gehen Sie zum Arzt und lassen Sie ihn seinen Job tun. Parallel zu den Anstrengungen des Arztes können Sie die unterstützende Kraft Ihrer Gedanken aktivieren.

Lassen Sie uns zum Pavillon der Heilung gehen. Gehen Sie den kleinen Pfad, der Sie zum See der Reinigung gebracht hat, zurück. Wenn sie das kleine Wäldchen verlassen, erkennen Sie einen weißen Pavillon. In seiner Mitte sehen sie eine komfortable weiße Liege. An der Stirnseite steht ein Nebelbrunnen, aus dem heilender Nebel entströmt.

Wie stellen Sie sich heilenden Nebel vor? Vielleicht stellen Sie ihn sich hellblau oder grün vor. Stellen Sie ihn sich in der Farbe vor, die Sie am ehesten mit Heilung und Wachstum verbinden. Sehen Sie vor Ihrem inneren Auge, wie dieser heilende, luftige Nebel sich vom Nebelbrunnen aus langsam über den Pavillon verteilt.

Betreten Sie den Pavillon und legen Sie sich auf die Liege. Spüren Sie, wie bequem sie ist. Hören Sie sich aufatmen, weil Sie sich endlich entspannen können. Fühlen Sie, wie Sie auf dem Polster liegen und ganz tief ein und ausatmen. Mit jedem tiefen Atemzug ziehen Sie den heilenden Nebel näher an sich heran, bis Sie ihn schließlich einatmen.

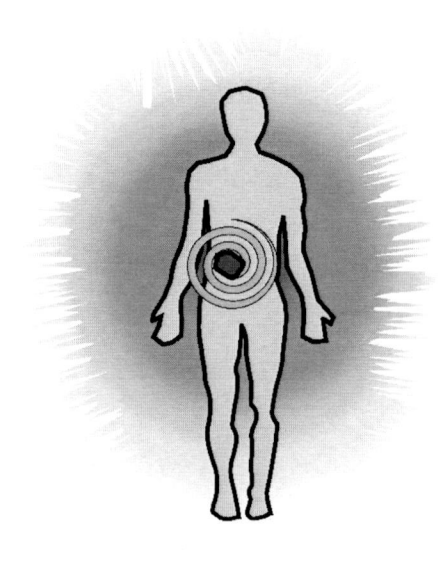

Konzentrieren Sie sich nun auf den Bereich Ihres Körpers, der Ihnen Beschwerden macht. Stellen Sie sich vor, wie Sie den heilenden Nebel durch Ihre Nase in die Lungen ziehen. Anstatt nun aber den Nebel wieder auszuatmen, schicken Sie ihn mit dem Ausatmen durch Ihren Körper an den Ort, der Heilung benötigt.

Nehmen Sie wahr, wie der heilende Nebel diese Körperstelle umhüllt. Mit jedem weiteren ein- und ausatmen schicken Sie mehr heilenden Nebel zu dieser Stelle.

Visualisieren Sie wie der heilende Nebel die kranke Körperstelle immer weiter umhüllt und schließlich zu einem Energieball wird. Stellen Sie sich vor, dass die Problemstelle ursprünglich rötlich eingefärbt ist. Der Energieball umschließt diese rote Stelle immer weiter und beruhigt sie. Nach und nach verblasst das Rot. Die Stelle, die Ihnen eben noch Schmerzen bereitete, ist nun durchdrungen von der Heilkraft des Nebels.

Atmen sie so lange heilenden Nebel ein und bringen Sie ihn an die Körperstelle, bis Sie das Gefühl haben, dass das Rot vollständig verschwunden ist. Genießen Sie dann das wohltuende Gefühl der Heilung.

Kleinere Beschwerden wie Kopfschmerzen, Prellungen oder leichten Schnupfen können Sie mit dieser einfachen Übung gut in den Griff kriegen. Sie spüren dann oft sofort eine Besserung.

Schwerwiegendere Krankheiten, die von Ihrem Arzt behandelt werden müssen und die Sie mit Ihren positiven Gedanken unterstützen, werden vielleicht nicht so schnell verschwinden. Doch mit jedem Mal unterstützen Sie Ihre Genesung und leisten damit einen aktiven Schritt zur Besserung. Je öfter Sie Ihre Gedanken zur Heilung nutzen, desto effektiver werden sie sein.

Der Pavillon der Heilung lässt sich wunderbar mit Ihrer täglichen Meditation verbinden. Wenn Sie während der Meditationen zur Ruhe gekommen sind, offenbart der Körper manchmal Beschwerden, die er den ganzen Tag über unterdrückt hat. Wenn Sie diesen Beschwerden Raum geben und sich im Pavillon der Heilung auf sie konzentrieren, können Sie viele Verspannungen lösen, bevor ernsthafte Probleme daraus werden.

DIE BERGE DER DANKBARKEIT. HIER IST DIE ABKÜRZUNG ZUM GLÜCK

© GabiS/ pixelio.de

DIE SCHATZINSEL-METHODE

Als letzten Ort wollen wir gemeinsam die Berge der Dankbarkeit besuchen. Eine dankbare Einstellung zum Leben zu entwickeln ist in zweierlei Hinsicht ein Gewinn:

- Der Gedanke, vom Leben ein Geschenk nach dem anderen zu erhalten, verhilft Ihnen zu einer optimistischen und glücklichen Grundeinstellung.
- Außerdem können Sie Ihr Unterbewusstsein mit der Dankbarkeitsübung auf das Gute und Schöne im Leben ausrichten. Denken Sie an die selektive Wahrnehmung. Das, worauf wir uns konzentrieren, werden wir überall finden.

Tauchen Sie erneut vor Ihrem inneren Auge in die Welt Ihrer Schatzinsel ein. Werfen Sie einen Blick auf die Karte: Gehen Sie vom Pavillon aus auf dem Weg weiter nach Süden. Stellen Sie sich vor, wie sich vor Ihnen majestätisch die Berge der Dankbarkeit erheben.

Welche Berge erzeugen in Ihnen eher das Gefühl von Größe, Erhabenheit, Klarheit und Dankbarkeit? Ist es der alpine, schneebedeckte und stille Berg? Oder ist es eher ein grüner, bewaldeter und lebendiger Berg? Nehmen Sie in Ihrer Vorstellung die Berge so genau wie möglich war.

Sie verlassen jetzt den Waldweg, auf dem Sie gekommen sind, und gehen auf einem schmalen Pfad weiter. Dieser führt Sie serpentinenartig durch eine wunderschöne Landschaft den Berg hinauf.

Und während Sie den Berg immer weiter besteigen und höher und höher gelangen, spüren Sie vielleicht jetzt schon oder auch erst in wenigen Augenblicken, wie Sie sich immer freier, losgelöster und frischer fühlen. Je weiter Sie gehen, desto mehr wird Ihnen bewusst, dass all die Probleme und Sorgen, die Sie dort unten im Alltag belasten, hier oben überhaupt keine Bedeutung haben.

Es sind jetzt nur noch etwa hundert Meter bis zum Gipfel. Spüren Sie die Vorfreude auf dieses Erlebnis mit jedem Schritt. Oben am

Gipfel angelangt haben Sie einen schönen Überblick über Ihre Schatzinsel.

Sie sehen dort die Wiese der fünf positiven Dinge, weiter hinten können Sie die Bucht des inneren Friedens sehen, den Theatersaal, der auf einer grünen Wiese steht und all die anderen schönen Orte, die sich auf Ihrer Schatzinsel befinden. Doch dies alles interessiert jetzt nicht mehr. Diese Orte, mit denen Sie am Erfolg Ihres Lebens arbeiten, Ihre Probleme lösen und Ihrem Leben Schwung geben, sind ganz weit unten.

An dem Ort, an dem Sie jetzt sind, haben Probleme und Herausforderungen keine Bedeutung mehr. An diesem Ort gibt es nur eines: Dankbarkeit.

Wir begegnen in unserem Leben einer Menge schöner und außergewöhnlicher Dinge. Manchmal sind wir begeistert und danken vielleicht sogar demjenigen, der uns diese Erfahrung ermöglicht hat.

Viele Dinge sind uns jedoch zur Gewohnheit geworden und wir nehmen gar nicht mehr wahr, in welcher glücklichen Lage wir uns befinden. Manchmal schlägt es sogar ins Gegenteil um und wir kritisieren Dinge, für die wir eigentlich dankbar sein sollten.

Irgendwann schlägt dann das Prinzip der selektiven Wahrnehmung zu und wir nehmen nur noch das Schlechte wahr. Wir blenden dann systematisch all die schönen Dinge, für die wir dankbar sein können, aus. Die Folge ist, dass wir unsere Welt für einen schlechten Ort halten und davon überzeugt sind, dass wir besonders benachteiligt sind.

Wir sollten uns regelmäßig ein paar Minuten nehmen und nach Dingen (und Menschen!) suchen, für die wir dankbar sein können. Am Anfang kann es schwer sein, Dankbarkeit zu entwickeln und wir müssen ziemlich lange nachdenken, bevor uns etwas einfällt. Aber je öfter wir diese Übung machen, desto freier sprudeln die

DIE SCHATZINSEL-METHODE

Gedanken und desto mehr Dinge finden wir, für die wir dankbar sein wollen.

Die Übung der Dankbarkeit ist eine sehr einfache, aber gleichzeitig sehr mächtige Übung. Je öfter Sie sie machen, desto besser fühlen Sie sich und desto reicher und voller nehmen Sie Ihr Leben wahr. Diese Übung ist eine Abkürzung, die Ihnen sehr schnell eine glückliche Grundeinstellung einbringt.

Jetzt, wo Sie da oben auf dem Gipfel sitzen oder stehen und die Freiheit und Würde der Berge genießen, suchen Sie Dinge, für die Sie dankbar sein können. Gehen Sie in Gedanken einen ganz normalen Tag durch.

Fangen Sie morgens an und zählen Sie auf, für was Sie dankbar sein können: Vielleicht ist es die Tatsache, dass Sie morgens ohne Probleme aus dem Bett kommen, oder Sie sind dankbar für das warme, wohlige Bett. Sie sind sicher auch dankbar für Ihre Wohnung. Es mag vielleicht bessere, größere Häuser geben, aber mit ganz großer Sicherheit gibt es auch viele schlechtere. Sagen Sie in Gedanken: "Ich bin dankbar für mein schönes Zuhause."

Dabei ist es ganz gleichgültig, wem Sie dankbar sind: dem Leben, Gott, dem Schicksal oder irgendjemand anderem.

Gehen Sie Ihren Tag durch und fahnden Sie regelrecht nach Dingen, für die Sie dankbar sind.

Immer, wenn Sie etwas gefunden haben, sprechen Sie in Gedanken aus: *"Danke für ..."*, oder *"Ich bin dankbar dafür, dass ..."* oder *"Gott/Leben/Welt/Schicksal, ich danke dir dafür, dass ..."* Gehen Sie auf diese Weise Ihren gesamten Tag durch. Sie werden erstaunt sein, wie viele Dinge es gibt, für die Sie dankbar sein können.

- Sie glauben, dass Ihr Auto eine Schrottkarre ist? Vielleicht ist das so, aber zu Fuß gehen oder den Bus benutzen wäre wahrscheinlich noch schlechter. Also sollten Sie dankbar dafür sein, dass Sie dieses Auto besitzen.

- Ihr Job nervt Sie? Ich bin mir ziemlich sicher, dass Millionen von Menschen, die keinen Job haben, gerne mit Ihnen tauschen würden. Danken Sie dafür, dass Sie einen Job haben.
- Sie sind mit Ihrem Körper nicht zufrieden, finden sich zu dünn, zu dick oder sonst wie mangelhaft? Doch selbst, wenn Ihr Körper den einen oder andern vermeintlichen Mangel, Problemzonen oder Behinderungen hat, steht er Ihnen doch Ihr ganzes Leben lang treu zur Seite. Ist das nicht ein Dankeschön wert?
- Wie sieht es mit Ihren Eltern, Geschwistern und Freunde aus? Wie traurig wäre das Leben ohne sie. Bedanken Sie sich!

Oftmals wird Dankbarkeit dadurch verhindert, dass wir uns mit anderen vergleichen. Wenn Sie der Einzige sind, der ein Verkehrsmittel besitzt, und sei es nur ein Fahrrad, werden Sie es lieben und sehr stolz darauf sein. Wenn Sie ein Fahrrad haben, die anderen aber Autos, werden Sie das Fahrrad verfluchen und fühlen sich benachteiligt.

Es ist ganz natürlich, dass wir uns mit anderen vergleichen. Es spornt unseren Ehrgeiz an, ermöglicht uns zu erkennen, was wir selbst erleben und erfahren möchten und bringt eine Menge Abwechslung in unser Leben.

Wir dürfen jedoch nicht unser Glück davon abhängig machen, wie weit oben wir im Vergleich mit unseren Mitmenschen stehen. Deshalb sollten wir uns regelmäßig eine Auszeit nehmen und die Berge der Dankbarkeit besuchen. Auch, wenn Ihnen zunächst nicht danach zumute ist: Suchen Sie nach den Dingen, für die Sie dankbar sein können. Nach und nach finden Sie immer mehr solcher Dinge.

Wenn Sie diese Übung regelmäßig durchführen, werden Sie bereits nach kurzer Zeit bemerken, dass Sie mit einer glücklichen, dankbaren und positiven Einstellung durch das Leben gehen und immer häufiger lächeln.

DIE SCHATZINSEL: EIN WERKZEUGKASTEN MIT DEM SIE JEDE HERAUSFORDERUNG MEISTERN

© siepmannH / pixelio.de

Sie haben jetzt alle wichtigen Orte Ihrer Schatzinsel kennengelernt. Sie werden sicher schon einiges ausprobiert und die Übungen bereits getestet haben.

Hierbei gibt es bestimmt Übungen, die Ihnen spontan zusagten und deren Wert Sie sofort erkannten. Auf der anderen Seite gibt es vielleicht auch Übungen, mit denen Sie erst einmal nichts anfangen können oder die Sie für wenig hilfreich halten.

Ich habe eine Vielzahl an Orten auf Ihrer Schatzinsel platziert, sodass Sie eine gute Auswahlmöglichkeit haben. Geben Sie, wenn Sie möchten, jedem Ort eine Chance. Entscheiden Sie dann, welche Orte Sie häufiger aufsuchen wollen und welche nicht. Verschwenden Sie keine Zeit mit Orten, die Ihnen unsympathisch sind.

Möglicherweise haben Sie sogar eine eigene Methode, die Sie gern auf Ihrer Schatzinsel platzieren möchten. Vielleicht haben Sie sie selbst entwickelt oder in einem anderen Buch gelesen. Kein Problem: Die Insel ist groß genug und bietet eine Fülle von freien und schönen Plätzen. Die Landzunge, die sich nördlich vom Konferenzraum und westlich von der Bucht des inneren Friedens befindet, eignet sich hervorragend dazu, um einen eigenen Ort zu erschaffen.

Die Schatzinsel-Methode ist ein gut sortierter Werkzeugkasten. Für jedes Problem und für jede Herausforderung finden Sie ein passendes Werkzeug. Wenn Ihnen das eine nicht zusagt, gibt es ein ähnliches, das den gleichen Zweck erfüllen kann. Wenn Ihnen der Theatersaal nicht zusagt, nutzen Sie einfach die Galerie der Siege: Suchen Sie Beispiele, in denen Sie in einer ähnlichen Situation erfolgreich waren, und stärken Sie daran Ihren Mut.

Besuchen Sie Ihre Schatzinsel regelmäßig. Je öfter Sie dort sind, je intensiver Sie sich die Orte und die Landschaft vorstellen, desto besser kann Ihr Unterbewusstsein sich auf den Erfolg ausrichten. Alle Methoden haben bereits nach einmaligem Besuch eine positive Wirkung. Wenn Sie diese Orte öfter besuchen, wird sich diese positive Wirkung vervielfachen und Sie werden Veränderungen erleben, die Sie nicht für möglich hielten.

Die Tabelle gibt Ihnen einen Überblick über alle Orte.

Ort	Wofür?	Wie oft (Empfehlung)?	Zeitaufwand (ca.)?
Die Wiese der fünf positiven Dinge	Den Tag mit einem positiven Gefühl beenden	Täglich	wenige Minuten
Der Wald der Entspannung	Einstimmen und Entspannen für die Orte der Schatzinsel	Bei jedem Besuch der Insel	wenige Minuten
Der Theatersaal	Schwierige Situationen vorbereiten	Bei Bedarf	15 Minuten
Der weiße Strand	Die Einstellung zu schwierigen Situationen/Tätigkeiten verbessern	1 Mal wöchentlich	5 Minuten
Die Truhe	Ein Problem für eine gewisse Zeit wegschließen	Bei Bedarf	5 Minuten
Die Galerie der Siege	Mut und Zuversicht gewinnen	1 - 2 Mal wöchentlich	5 Minuten
Der See der Reinigung	Körperliche Verspannungen lindern	Bei Bedarf	5 Minuten
Der Pavillon der Heilung	Heilungsprozesse unterstützen	bei Bedarf, dann täglich, ggf. sogar 2 Mal täglich	5 - 10 Minuten
Die Berge der Dankbarkeit	Eine positive Einstellung zum Leben aufbauen	1 Mal wöchentlich	10 Minuten
Die Bucht des inneren Friedens	Mentale und körperliche Entspannung, Loslassen	Bei Bedarf	wenige Minuten

„AB JETZT WERDEN SIE VON TAG ZU TAG ERFOLGREICHER UND GLÜCKLICHER SEIN."

© Uli Carthäuser / pixelio.de

Sie sind am Ende des Buches und damit unseres Coachings angekommen. Ihre Geduld und Ihre Bereitschaft, aus alten Gewohnheiten auszubrechen und sich auf neues Terrain zu wagen, haben sich vielleicht jetzt schon bezahlt gemacht: Möglicherweise hat Ihr Unterbewusstsein, selbst wenn Sie davon noch nichts bemerkt haben, bereits damit begonnen, neue, positive Verknüpfungen in Ihrem Netzwerk zu erschaffen. In einigen Tagen, Wochen oder spätestens Monaten werden Sie, falls Sie bisher noch keine Veränderung wahrgenommen haben, einen DEUTLICHEN positiven Umschwung bemerken.

Lassen Sie es zu, dass Sie diese Veränderungen willkommen heißen, und genießen Sie es, sich von alten, nicht-hilfreichen und schädlichen Gedankenmustern zu verabschieden. Dabei ist es nicht wichtig, ob Sie die Übungen mit großer Konsequenz durchführen und extrem schnell positive Effekte verspüren, oder ob Sie einzelne Übungen ohne Regelmäßigkeit machen und damit eher langsamer bedeutsame Resultate erzielen. Gehen Sie einfach in einem für Sie angenehmen Tempo vor und ziehen Sie den Erfolg magisch an.

Selbst, wenn Sie dieses Buch nun weglegen und keine der Techniken anwenden: Sie werden Veränderungen bemerken. Bereits durch das Lesen und Mitdenken haben sich Veränderungsprozesse in Ihrem Unterbewusstsein in Gang gesetzt.

Ich weiß, dass jeder mit der Schatzinsel-Methode schnell erstaunliche Erfolge feiern kann. Es kostet lediglich einige Minuten täglich und den Willen, die Mental-Techniken mindestens einen Monat lang konsequent anzuwenden. Dies ist eine kleine Investition im Vergleich zu dem, was Sie bekommen werden.

Ich wünsche Ihnen alles Gute und viel Erfolg.

Ihr Stephan Reimann

AFFIRMATIONSKARTE ZUM AUSSCHNEIDEN - FÜR IHREN KATAPULTSTART IN RICHTUNG ERFOLG

Wenn Sie vor lauter Erfolgshunger ungeduldig sind, können Sie direkt einsteigen mit dieser Affirmationskarte. Sie verschafft Ihnen mit 12 erstklassigen Affirmationen einen sauberen Start. Sie können somit die Zeit überbrücken, bis Sie eigene Affirmationen entwickelt haben.

Meine Affirmationskarte

Ich genieße jede Sekunde meines Lebens.

Ich ziehe den Erfolg magisch an.

Ich strahle Gelassenheit und Sicherheit aus.

Ich lebe in allen Bereichen im Überfluss.

Ich erreiche alle meine Ziele ganz mühelos.

Alles, was ich anpacke, ist erfolgreich.

Ich liebe es, im Mittelpunkt zu stehen.

Ich fühle mich kompetent und sicher.

Mein Leben ist eine einzige Erfolgsstory.

Ich bin kreativ und erfinderisch.

Ich bin in jeder Lage vollkommen sicher.

Ich bin voller positiver Energie.

DIE SCHATZINSEL-METHODE

tredition®

www.tredition.de

Über tredition

Der tredition Verlag wurde 2006 in Hamburg gegründet. Seitdem hat tredition Hunderte von Büchern veröffentlicht. Autoren können in wenigen leichten Schritten print-Books, e-Books und audio-Books publizieren. Der Verlag hat das Ziel, die beste und fairste Veröffentlichungsmöglichkeit für Autoren zu bieten.

tredition wurde mit der Erkenntnis gegründet, dass nur etwa jedes 200. bei Verlagen eingereichte Manuskript veröffentlicht wird. Dabei hat jedes Buch seinen Markt, also seine Leser. tredition sorgt dafür, dass für jedes Buch die Leserschaft auch erreicht wird.

Autoren können das einzigartige Literatur-Netzwerk von tredition nutzen. Hier bieten zahlreiche Literatur-Partner (das sind Lektoren, Übersetzer, Hörbuchsprecher und Illustratoren) ihre Dienstleistung an, um Manuskripte zu verbessern oder die Vielfalt zu erhöhen. Autoren vereinbaren unabhängig von tredition mit Literatur-Partnern die Konditionen ihrer Zusammenarbeit und können gemeinsam am Erfolg des Buches partizipieren.

Das gesamte Verlagsprogramm von tredition ist bei allen stationären Buchhandlungen und Online-Buchhändlern wie z. B. Amazon erhältlich. e-Books stehen bei den führenden Online-Portalen (z. B. iBook-Store von Apple) zum Verkauf.

Seit 2009 bietet tredition sein Verlagskonzept auch als sogenanntes "White-Label" an. Das bedeutet, dass andere Personen oder Institutionen risikofrei und unkompliziert selbst zum Herausgeber von Büchern und Buchreihen unter eigener Marke werden können.

Mittlerweile zählen zahlreiche renommierte Unternehmen, Zeitschriften-, Zeitungs- und Buchverlage, Universitäten, Forschungseinrichtungen, Unternehmensberatungen zu den Kunden von tredition. Unter www.tredition-corporate.de bietet tredition vielfältige weitere Verlagsleistungen speziell für Geschäftskunden an.

tredition wurde mit mehreren Innovationspreisen ausgezeichnet, u. a. Webfuture Award und Innovationspreis der Buch-Digitale.

tredition ist Mitglied im Börsenverein des Deutschen Buchhandels.